JN189696

なるべく 働きたくない人の ためのお金の話

大原扁理

百万年書房

なるべく
働きたくない人のための
お金の話

はじめに

はじめまして。大原扁理と申します。

私は二五歳から約六年間、東京郊外の小さなアパートで隠居生活をしていました。

隠居生活といっても、落語や講談に出てくるような江戸時代のご隠居さんとは違います。

私の場合は、社会との関わりを最小限にして、基本的に週二日働き、年収は百万円以下で暮らす、という感じです。ＩＴや株などの特殊能力もありませんが、親や国に頼ることもなく、普通にハッピーに暮らしていました。

こういった生活について他人に話すと、「よくそんなんで生きていけるね」という反応が返ってくることも多く、たしかに数字だけでは、私にも無理っぽく見えます（「経済的に」という意味のほかに、「人として」というニュアンスが言外にあることには気づいていますが、とりあえず置いておきます）。

でも実際に年収百万円以下で生活してみると、頭の中だけで考えることと実感することはずいぶん違うなあ、というのが正直な感想です。

やってみなければわからなかったであろうことの中でも、とくに新鮮な発見だったのは、「年収が年々下がって底打ち状態になったのに、それにつられてお金に対する不安も減っていった」ということでした。頭では、年収が下がれば経済的な不安は増す、と考えるのが普通だと、私も思います。

とはいえ隠居をはじめてから、いきなり経済的な不安がなくなったのかといえば、そんなことはまったくありませんでした。これで生きていけなくなったらどうしようと心配しながら、トライ&エラーを繰り返し、地道にひとつずつ、それが自分にとって本当に必要なものかどうかを確かめる――。誰からの「いいね！」もない、どこに着地するかもわからない、でもやる、そんな孤独な作業の積み重ねだったように思います。

隠居生活を始める前は、東京都杉並区に住んでいました。ほとんど毎日なにかしらのアルバイトをしていて、月収は平均すると一一万円（手取り）くらいはありました。しかし、この収入から生活費や税金を引くと、お金はほとんど残りません。当時は経済的にも精神的にも余裕がなくて、しんどくて仕方なかった。

毎日働いて一一万円稼いでもカツカツなのに、これ以上収入を下げたら生きていけるはずがない――。

そう思っていたはずなのに、現在は月収七万円でもハッピーに生きている。

これはどういうことなんだろう？　東京で隠居生活に至るまでに、私の何が変わり、何が変わらなかったのか。

先に「東京郊外の小さなアパートで隠居生活をしていました」と過去形で書いたのは、東京のアパートをすでに引き払い、現在は台湾で隠居をしているからです。

ですからこの本では、わかりやすい線引きをするため、二〇一〇年一二月に東京郊外・国分寺市のアパートに引っ越した時を隠居のスタートとして、二〇一六年九月にひとまず終了するまで（台湾に移住するまで）の約六年間を振り返っていきます。

その隠居生活のなかで体験した、「年収が下がるにつれて経済的不安からも解放される」という不思議な現象の当事者として、あの頃の私が、どう考え、行動し、お金に対する考え方や接し方がどんなふうに変わっていったのか。

そうしたことを、記憶が確かなうちに記録しておきたいと思ったのが、この本を書くきっかけになりました。

実は今回で、本を書かせていただくのは三冊目になります。

『20代で隠居　週休5日の快適生活』（２０１５／K&Bパブリッシャーズ）は隠居生活のことを中心に書き綴った、詳細な記録のような本です。

続く『年収90万円で東京ハッピーライフ』（２０１６／太田出版）では隠居生活に加えて、世間の常識や当たり前と思われていることに対して、子どものころから現在まで私が何を考え、実感をどんなふうに行動にうつしてきたか、ということを書きました。

ですから、あらためてお金に関して書くというのは、これが初めてです。

初めてどころか、お金について私が知っていることは、自分の経験から得たごく小さな範囲のことだけです。それでも、私が発見したことを書くことで、読んでくださった方の、お金との向きあい方を、ひいては自分のあり方を、見つめ直す何かしらのヒントになれば、こんなに嬉しいことはありません。

では、さっそく始めます。

一緒に隠居しているような気持ちで、気楽にページをめくってみてください。

なるべく働きたくない人のためのお金の話　目次

序章

隠居生活のアウトライン

過去の著作を読んでいただいた方には、繰り返しになってしまいますので、読み飛ばしてもらってかまいません。はじめましての読者のみなさんのために、まず私の隠居生活についてざっくりと紹介させてください。

〈一日のようす〉

◎朝

朝は七時には起き、窓を全開にして空気を入れ替えるところから始まります。そして冷たい水で顔を洗って、ゴミ出し、ラジオ体操、と続きます。隠居だからっていつまでも寝ていられません。私の場合は、会社や学校などが生活リズムを決めてくれないぶん、自分でメリハリをつけるしかないのです。

朝食の前にお茶を淹れ（冬は紅茶の前に白湯を飲むこともあります）、それを飲みながら「今日やりたいこと」をリストアップしていくのも楽しいひとときです。

起き抜けというのは、身体がまだ朝ごはんを受け入れる準備ができていません。温かいお茶を飲んでいると、胃がだんだん動き出すのがわかります。だいたい、お茶を飲むとすぐに朝のお通じがあるので、「あ、身体が起きてきたな」と実感できます。

「やりたいことリスト」は、作っておくと、今日自分が何をしたかったのか迷うヒマがなくなるので便利です。一日二四時間しかないんですから、考えるのは朝一回だけでじゅうぶん。リストの中から、その時やりたいことをどんどんやっていきます。でも完璧にやろうとすると疲れるので、気が変わったらやらなかったり、別のことをすることもあります。

朝食は自家製スコーンやスープなど、簡単なものを作って食べます。いずれも三日ぶんくらい一気に作っておく。私は雑事をついでに済ませるのが好きなので、食べながら洗い物を片付けたりもします。

あとは自由時間。本を読んだり、掃除をしたりして過ごします。季節にもよりますが、冬は寒いのであまり動かず、夏は逆に涼しいうちによく動きます。

◎昼

昼食はほとんど麺類でした。おそばかうどんを気分で選びます。

夏は冷やしてざるに、冬は暖かいかけに。具は季節の常備菜を作り置き。春はキャベツ、夏はキュウリを浅漬けに。秋は小松菜や空心菜などの葉物をごま油としょうゆで炒めます。冬は大根や人参、ショウガなどをすりおろしていつでも使えるように常備しておきます。常備菜を切らしているときは、摘んできて乾燥させた野草（ヨモギや桑など）を使います。

いずれにしても具はひとつかふたつ。素材の味を確かめながら食べるのが好きです。

ごはんを食べたらまた自由時間がやってきます。

散歩がてら、スーパーや近所の農家の直売所をのぞいたり、野草を摘んだり、図書館で本を借りたりします。

図書館で借りるのは、日常生活のなかで見たり聞いたりして気になったときにすぐにホームページで予約しておく本と、実際に本棚を眺めて気になった本が半々。前者は予約しておかないと後になって忘れてしまうし、後者は思わぬ発見があったりして、こうすればひとつの図書館でそれぞれ違うアンテナの引っかかり方が二パターン味わえるというわけです。

所有する本は何度も読み返すことがわかっているものや、好きな著者のサイン本など。あとは図書館を、ちょっと家から離れた場所にある巨大本棚のような感じでフル活用しています。

借りてきた本なので、初めの十ページだけ読んで「つまらん」と思ったらさっさと返却しても損はしません。買ったから読まなきゃいけないというプレッシャーもなく、正直に読みたい本だけを、あるいは読みたい箇所だけを読みまくることもできます。

そして本ほどお金のかからない、しかも社会の理解があるエンターテインメントを私は他に知りません。私が好きな本は知識や情報が身につく本よりも、毒にも薬にもならない役に立たない本ばかりなので、個人的にはスマホでゲームをしてるのと何も変わらないと思うのですが、頭がよさそうに見られるので得した気分です。

◎夜

夕食を食べるのは比較的早く、五時くらいでした。早く食べておくと、翌日の朝が快適です。逆に寝る前に食べると、翌朝、胃が重くて仕方ない。不快な時間は、人生から一秒でも減らしたいものです。

メニューはこれもほぼ決まっていて、無農薬の玄米に、たくあん、おみそ汁。ときどき贅沢をして、サバの味噌煮とか、納豆をいただくこともあります。

おみそ汁は、はじめ和食を作り始めたときに、だしを取るのが時間がかかって面倒くさいのと、取りだした昆布の使い道をレシピ本が書いてくれないので困っていました。どうにかならないものかといろいろ調べたら、昆布は細く切って一晩つけておくだけの水出しにして、具としてそのままいただくという方法を発見。やってみたらすごくラクで効率的でした。昆布は切った断面から旨みが出るのと、おみそ汁は沸騰させないのでぬめりも出ず、おいしく食べられました。これは便利です。

また、玄米も三日ぶんくらい手鍋で一気に炊いておきます。冷暖房を一切使わないので、冬は部屋が冷蔵庫のようなものですから、鍋に出しっぱなしにしておくことも。これも何の問題もありませんでした。

そのあとは引き続き本を読んだり、映画を観たりしていると、あっという間に寝る時間です。一日三十時間あればいいのに……と思いながら布団に入ります。

このような感じで毎日生活していました。

〈隠居生活のアウトライン〉

・アパートは二万八千円の激安物件

隠居生活の牙城になったのが、東京郊外は国分寺市にあった、このアパートでした。間取りはワンルームで、五畳のフローリングと三畳のロフト、バストイレ付。キッチンもあり、一口の電気コンロと小さな冷蔵庫も備え付けてありました。さらに外には自分専用の洗濯機までついてました。

最寄り駅はＪＲ中央線の国立駅だったのですが、アパートの立地はそこから徒歩二十分

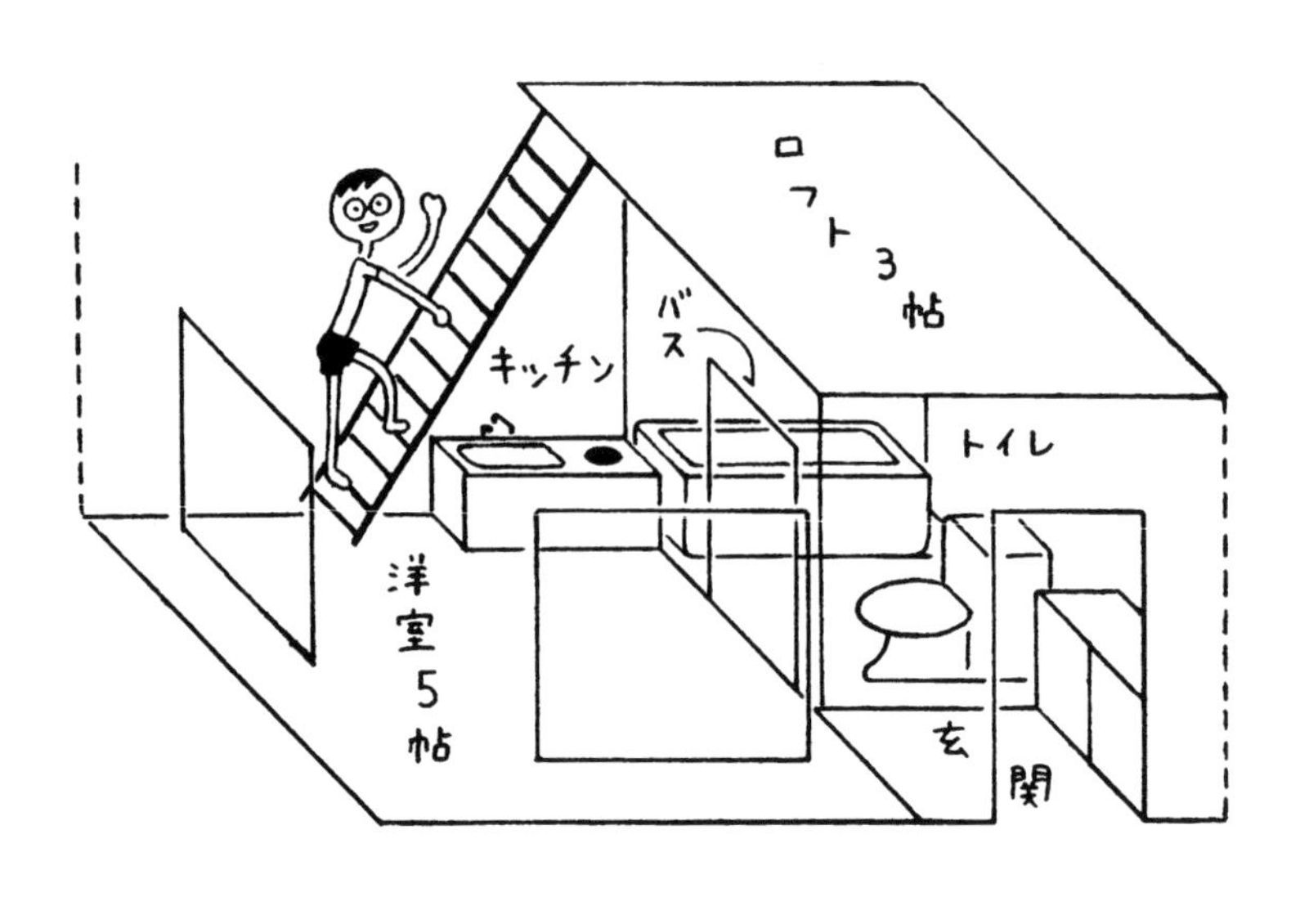

以上離れた住宅地。スーパーも徒歩十分圏内にはなく、不便な場所でしたが、おかげで毎日たくさん歩けて健康でしたし、不便すぎて誰も訪ねてこないため、ひっそりと望み通りの生活をすることができました。

共益費が毎月千五百円かかりましたが、もともとの家賃が低いので、タダも同然です。

ここに引っ越してから、ネットや不動産屋で激安アパートを見るのが趣味になりました。やはり二万円台のアパートというのは、八王子のほうまで行けばまだしも、国分寺市内でこの条件、というのはなかなかありませんでした。ラッキーだったと思います。

・三食自炊し、食費は一日三百円

使えるお金が限られている隠居にとって、

毎日外食なんかするとたいへんな出費になります。ですから、三食きっちり自炊することになります。

メニューは、コンロがひとつしかないので、煮る・焼く・ゆでるでできる簡単なものを。毎日食べるものは前述したようにだいたい決まっていて、季節によって少しずつ変化しますが、基本的なメニューはいわゆる粗食、玄米菜食です。

あまり食に執着がないので、シンプルで栄養価が高く、長い目で見てお金がかからず、さらに日常的には手間ひまがかからないものとなると、自然とこうしたメニューに落ち着いていきました。

お肉類はあまり食べないのですが、これは「マクロビがハリウッドスターの間で流行」みたいなこととは一切関係ありません。

お肉は値段が高め・油汚れを落とすのが面倒くさい・欲が増す・お腹を壊しやすいなど、個人的な好みや体質に合っていないというのを、年単位で自分を観察していて実感したからです。

ただし、友人の誕生日など、たまの機会には都心に出かけて、ちょっとおしゃれなレストランで食事をしたりもします。外食時には、動物性食品もとくに気にせず食べます。私の原則は世界の原則ではないので、周りに強制することはもちろんありません。

・服は衣装ケースに入るだけ

衣類については、これもあまり執着がなく、とにかく着まわせるものを優先していきました。

最終的に、無印良品の衣装ケースを三つ重ねてロフトに置いておき、そこに一年ぶんのすべての服を収納する、という感じになりました。

基本は、一番上のケースに軽い下着やハンカチ、靴下などを一週間ぶん。

上着は真ん中のケースに入れてありました。無地の白Tシャツが五、六枚、長袖のネルシャツが二、三枚、トレーナーが一枚、パジャマ用のスウェットシャツが二枚。

一番下のケースには、短パンと黒のカラーパンツが三本ずつと、パジャマ用のスウェットパンツが二本。

それから窓辺に、コートが二着とマフラーが一本かかっています。

ちょっとしたお出かけ用の服もあります。浴衣と着物を一着ずつ、それからgiedriusという知人の扱うリトアニアブランドのリネンシャツと、インドで買ったストール。

これらをしまっておいても、適度にスカスカしていて、一目で何が入っているか把握できるし、衣替えの煩わしさからも解放されます。

靴箱には、サンダル、スニーカー、革靴、ムートンブーツを一足ずつ。一足しか持たないと、季節ものはシーズンが終わる頃に履きつぶして捨てられます。

なんとなくでも毎日着るものを決めておくと、出かける直前まで何を着ていくか迷うことが格段に減るので、時間や頭の中に余裕が生まれます。何を着るか考えなくていいのは、とても快適です。

・携帯は必要ない

隠居生活に入ってから、ネット回線とともに固定電話を家にひいたので、携帯電話を解約してみました。

結果、連絡がとりづらくなったのか、重要でない間柄の人が自然に淘汰されていき、私のことを理解してくれる良き友人だけが周りに残りました。

私はもともと社交的なほうではないので、いつどこにいても連絡されることがなくなったり、誘いを断ったりする手間が省けるのは精神的にとても良かったです。

ただし、本を出版してから、人と会うことが増えてきて、古いガラケーをまた使い始めました。最安プランで月千円くらいでした。おかげで普通は会えないような方と会うこともできたし、これからも人生のいろんな段階で、持ったり持たなかったりを自由に選択していけるといいな、と思います。

・冷暖房は使わない

夏は窓にすだれをかけて、常に網戸にしておきます。水でシャワーをあびたり、水風呂に浸かりながら本を読んだりしていると、わりと涼しく過ごせます。

それから、夏には夏の食べ物を食べることも重要です。効き目は穏やかですが、よく身体を観察しているとわかります。夕食にきゅうりなどの夏野菜や、南国のフルーツを食べると、ちょうど寝るときに体温がスッと下がっていき、少し眠りやすいのです。翌朝の体温の低さも心地よかったりします。足先をさわってみると、それが感じられるでしょう。「きゅうりは熱をとる」などという先人の言葉は、本当によく言ったものだと感心することしきりです。

ただし、アイスクリームなど、極端に冷たいものは逆効果。胃を急激に冷やすとだるくなって、暑さに反発する力が身体から湧いてこなくなります。

冬は温かいものを食べたり飲んだりするのがわかりやすいですね。果汁百パーセントのリンゴジュースを温めて、すりおろしたショウガを入れたりすると効果抜群です。

でも、食べるものだけで身体を温めようとするのには限界があります。やはり運動の発熱作用には目を見張るものがあります。私はラジオ体操・ヨガ・散歩・筋トレなどをしていました。

そして厚着も基本です。私は真冬になると、部屋でもコートを着ていることが多いです。これらを組み合わせれば、冬も温かく過ごせます。

もし一年中空調のかかった、温度が一定の場所で過ごしていたら、こうした些細な身体の反応には気がつかなかっただろうし、それを観察して何かを発見していく楽しみもなかったと思うと、これはこれでいいものです。

ただ、絶対ということはなく、夏でも夜の気温が三十度というときは冷房を使いますし、たまに友人が訪ねてきたりすると、気温に合わせて冷暖房を使います。外でも別に文句は言いません。バランスが大事です。

・徒歩と自転車圏内で生活する

東京は交通費が高いですよね。とくにＩＣカードが登場してから、その都度、乗ったぶんだけのお金を払う感覚がなくなったので、あっという間にかさんでしまいます。郊外に住んでいた私は、ちょっと都心まで行くと往復で千円以上はかかるので、用事が三つ以上ないと電車に乗って出かけない、出かけてもなるべくＪＲ中央線からは出ない、ということを心がけていました。それでも隣が立川という大きな街だったので、たいていの用事は事足りました。

後述しますが東京では介護の仕事をしており、雨が降っているとき以外は自転車で通勤していました。四十分ほどかかりますが、これもいい運動になりました。

吉祥寺までは自転車圏内で、小一時間くらいです。

ただ個人的には、得るものが多いのは、自転車よりも徒歩のほうだと思います。

比較してみると、自転車に乗っているときは、風やスピードが気持ちよかったり、より早く目的地に着くことができますが、徒歩ではありえないような速度で移動しているので、危険を避けることに大半の注意が向いていて、何かに気がつくことがあまりなかったです（私がのろいだけかもしれませんが）。

歩いているときは、道のかすかな凸凹や傾斜など、足の裏から伝わってくる刺激も楽しいし、目に入ってくる情報の質や量も、より細かく多かった。何かに気がついたらすぐに何度でも立ち止まれて、メモしたり写真を撮ったりしやすいので、私は徒歩のほうが自分に合っている、と思います。

・仕事は介護を週二日、ときどき臨時でアルバイトも

重度の身体障がい者の介護を週二日いれており、月に七、八万円程度の定収入がありました。単純計算すると、年収は九十万円になります。

これにプラスして、たまに急に空いたシフトを埋めたり、知り合いからちょっとしたアルバイトを頼まれることがあります。

今までやったことがあるのは、引っ越しの手伝い、ピアノを弾く・教える、旅行雑誌のテクニカルライター、翻訳、楽曲制作などです。

こうした臨時収入は、とりあえず貯金にまわし、日帰り温泉やたまの外食に使ったりしますが、お金ではなく品物を謝礼としていただくときもあります。

また、臨時収入は当てにできないので、二月など日数の少ない月は、六万円しか収入が

ないこともあります。そんなときは超節約モードにして、温泉や外食も省きます。収入が少ないなら少ないで、「今月ピンチだから」とお誘いを断る理由もできて、悪いことばかりでもありません。

以上、簡単ですが自己紹介もかねて、隠居生活の輪郭をなぞってみました。

二十代で始めた隠居生活というと、何か凡人とは違う特別な世界のことと思われるかもしれませんが、ひとつずつ解体してみると、実に地味で平凡なことの積み重ねでしかないと我ながら思います。

そして、前述したような生活スタイルに行き着いたのには、世間の物差しではなく、すべて実際にやってみて決めた、自分だけの理由と実感がありました。

次の章からは順を追って、その中身について、何をどう判断してそこに至ったのか、そしてその結果としてお金との関係がどう変わっていったのかについて、書いていきたいと思います。

第一章
まずはつらい場所から抜け出す

はじめに明確にしておきたいのですが、お金について考えるとき、「自分がどうありたいのか」という問題を避けて通ることができません。というか、もっと正確に言うなら、お金のことは、「自分がどうありたいのか問題」の一部でしかない、という気がします。

お金の不安をなくすことが目的なのではなく、お金の不安がなくなったそのとき、自分がどんなふうに生きていくのか、ということのほうが重要だからです。

ですから、お金の本とは言いながら、ちょっと肩透かしを食らったような気分になるかもしれませんが、お金について直接的なことを考えたり、語ったりすることは、この本の後半になります。

でも、しつこいようですが、これが本当に大切なんです。いくら稼ぐか、節約するかよりもまず、自分がどうありたいのかを洗い出していくこと。お金のことだけを見ていると、人生の本質を見失います。

急いては事を仕損じる、ということで。

さて、今でこそ、低所得でも経済的不安のない生活を送っている私ですが、はじめからこうなることを予想していたわけではありませんでした。

隠居のスタート時点である二〇一〇年一二月、国分寺市に引っ越した時に私が考えていたのは、「もうこんなに働きたくない」ということだけ。なぜ働きたくないのか、とか、引っ越してどうするのか、などということは深く考えていませんでした。それどころか、隠居したいとか、お金の不安をなくしたいとかいう目標もなかった。

ただひたすら、自分がそのとき置かれた状況のなかで、どうすれば、今よりハッピーになるかを考えて、実行する。それを愚直に何万回も繰り返していました。その結果、気がついたらご褒美のように、年収九十万円で生きていけるようになっていたんです。

たぶん私には、お金の不安から解放されるための近道や裏ワザを提示することはできません。ただ、自分自身の経験から、結果的にそこにたどり着くために、好ましい物事の順番やコツがあるように思います。

毎日ちゃんと働いているのに、なぜかお金が足りなくてしんどい状態だったとき、何よりもまず私が優先したのは、そこから離れてみることでした。

この時点では、自分がどうありたいのか、お金の不安から解放されたいかは、とりあえず置いておきます。なぜこんなに苦しいのかも考えなくて大丈夫。しんどいときって、考え方が狭くなっているし、どうしてもネガティブな結論を出しがちです。

だから、難しいことは置いておき、まずはそこから一歩離れてみること。人生のことやお金のことは、落ち着いてから考えても、決して遅くはありません。

この章では、私が実際に苦しい場所から離れるにあたって、やったこと、やらなかったこと、気をつけたことなどをまとめました。

苦しい気持ちを、なかったことにしない

私が上京したのは二〇〇九年六月のこと。当時二三歳でした。

東京で初めて住んだのは、杉並区の閑静な住宅街にあるシェアハウス。北部屋の四畳半で、家賃七万円、さらに水道光熱費ネット代などを住人全員で折半、という条件でした。ですから毎月の支払いは八万円近くになります。

とはいえ、純和風の庭付き一戸建てで、平日は会社員のシェアメイトが出払ってしまうため、広いリビングとキッチンと庭が使い放題という、人にはけっこううらやましがられ

る物件でした。
しかしこの時から、高い家賃を払い続けるために、ほとんど毎日アルバイトをしなければならないという、つらい日々が始まります。

収入は毎月一一万円前後あったように記憶していますが、生活費と税金などに消え、ほとんど残りませんでした。

でもシェアメイトの会社員たちは、平然と私よりも長時間労働し、最安値の私の部屋よりもはるかに高い家賃を普通に毎月払い続けているのです。ですから、「余裕がなくてしんどい」なんておいそれとは口にできず、こんな家賃も払えない自分のほうがおかしくて、七万円の家賃なんて普通、いや安いほうなのだと思っていました。

それでも心のどこかでは納得がいかなくて、「なぜ生活するためだけにこんなに働かなければいけないんだろう」という疑問も、同時にくすぶり続けていました。

もしかして、本当は、私がおかしいんじゃなくて、高い家賃を払うために働き続けるというのを当たり前だと思ってる社会のほうがおかしいんじゃないのか？

普通と思いながらおかしいと思っている、そんな相反する気持ちの状態がしばらく続きました。

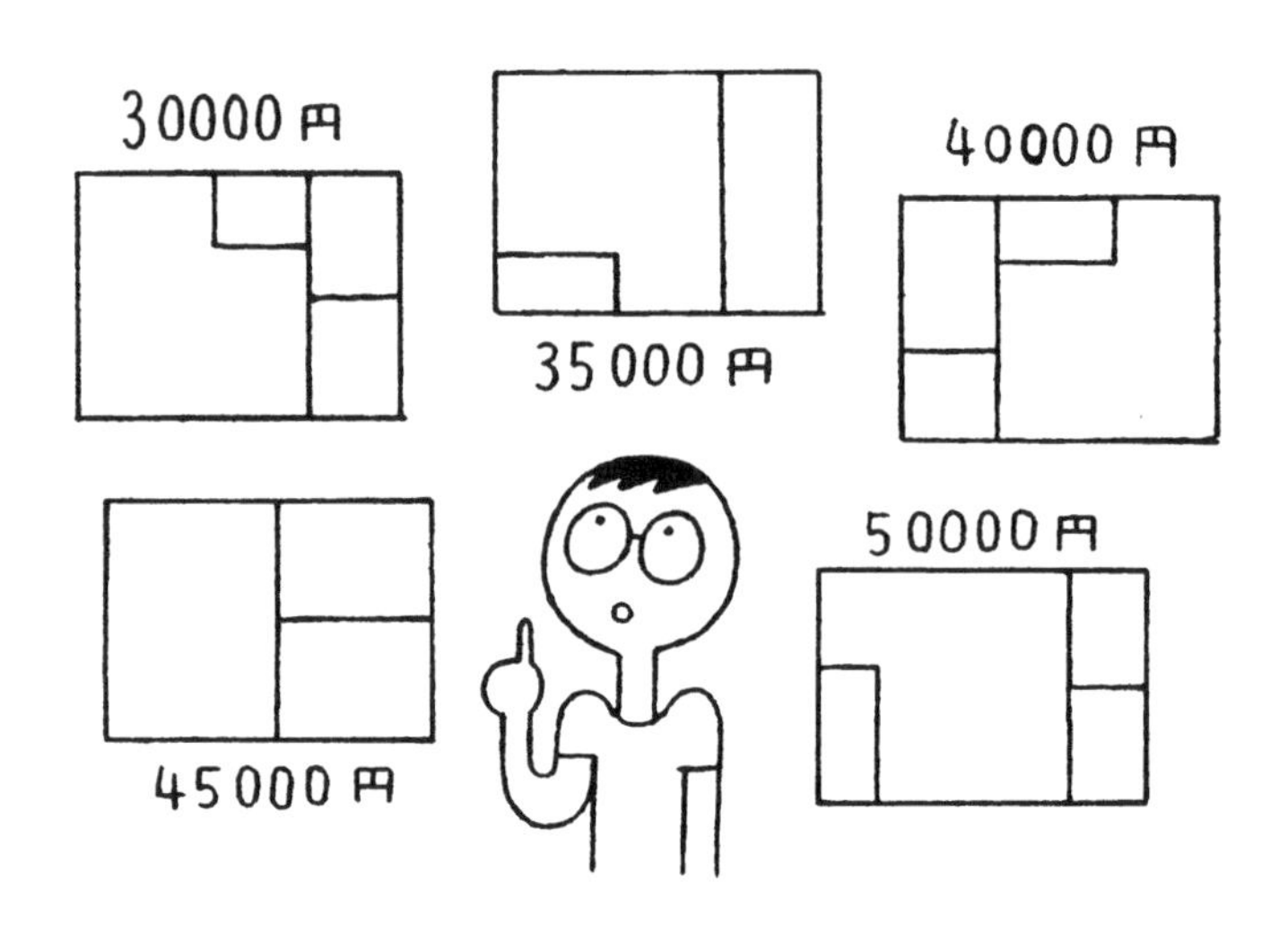

上京してから一年三か月が経ったころ、本当に何かの偶然で不動産屋のウェブサイトを見ていた時、私は衝撃を受けました。

なんと、東京には郊外というエリアがあり、そこでは同じくらいの広さの部屋でも、家賃三、四万円台の物件がゴロゴロしている、というのを発見したのです。

やっぱり、七万円という家賃は異常に高かったんだ、これ以上、異常なものに自分を合わせなくていいんだ——。

私の直感的な疑問を肯定してもらったような気になって、それだけでもずいぶんラクになりました。

いま振り返ると、四畳半の北部屋に七万円も払うなんてアホかと思いますが、それは知識が身についた今だから言えること。

上京したばかりの田舎者の私にとって、「東京でも郊外に行けばアパートは安く借りられる」ことに気がつくのは、とても難しいことだったのです。もっと早く気づいてさっさと引っ越していればよかった、と思うこともありますが、これればかりは本当に、タイミングというものがあるのかもしれません。

東京で家賃七万円なんて普通だよ、と言われたら、「あなたにとってはそうなんですね」と思っておけばいいのです。

他の誰でもなく、自分にとっては高い、というのがわかっただけでも、「自分だけの幸せのサイズ感」に一歩近づいたということなので、喜ぶべきことです。

自分にちょうどいい幸せのサイズ感がどれくらいなのかは、当然ですが人それぞれ。初めからわかっている人は稀ですよね。やはり親元を離れ、すべて自腹で生きるという経験をしないと、自分には何が必要で何が不要なのか、真剣に問いかけることをしないまま済ませてしまいがちです。ひとり暮らしをすることの最大のメリットは、「どうすれば自分が幸せなのかに強制的に向き合わされる」ということかもしれません。

それから新しい環境では、何が普通で何がおかしいのか、初めはわからないこともあります。最初は何度か失敗もするでしょう。

でも、その社会で当たり前とされていることは、必ずしも正しいとは限りません。みんなが当たり前のようにこなしていても、自分は苦しいと思うなら、それでいいんです。自分だけの実感に、他人がとやかく言う筋合いはありません。他人と比較して、どちらのほうがより苦しいというのも無意味です。

ただ、苦しいと思ったその気持ちは、そこから抜け出すためにいつか必ず役に立ちます。それまでどうか失くさないようにしてください。自分だけの実感を、「社会の当たり前」に明け渡してしまわないことが大切です。

やりたくないことから逃げる

郊外の家賃が安いエリアを発見したのが二〇一〇年九月で、三か月後に国分寺市の家賃二万八千円の激安アパートに引っ越すことができました。

間取りの詳細は前著に書いたので、ここでは省くとして、私が入居前にもっとも心配だったのは、「こんなに安いのは事故物件ではないのか?」ということでした。私は個人的に、霊現象のようなことをたまに経験するので、事故物件に当たるのはできるだけ避けたいところです。

これは、部屋の内覧に行ったときに、アパートの住人にごあいさつがてら話を聞いてみたり、近所のクリーニング屋さんや商店でそのアパートの過去の情報をリサーチして、「大丈夫」と判断。

さらに、不動産屋さんにも質問をぶつけてみました。とはいえ、聞きにくいことではあるので、「事故物件だということを、住人に報告する義務はないって本当ですか？」という感じで、反応を見てみました。そのときの担当者さんは、お茶を濁すような感じではなく、「この物件に関しては、心配されているようなことは絶対にありませんから、安心してください」とお墨付きをいただきました。

今は、インターネットで事故物件マップなどもありますから、心配であればそちらも確認しておくといいでしょう。

引っ越しは業者に頼みましたが、荷物がそんなに増えていなかったことと、東京都内だったこともあり、一万九千八百円で済みました。初期費用などで、貯金はだいぶ減ってしまいましたが、そんなことよりも「これでもうあんなに働かなくていいんだ」とホッとした気持ちのほうが大きかったです。

ところで、都心の暮らしを捨てて家賃の安い郊外に逃げるとき、私は東京で初めて、主体的に何かを選び取ることを学んだという気がしています。はた目には「辛いことから逃げただけ」と映ったかもしれませんが、本当は、そのままズルズルと都心で暮らしたほうが、ラクだったかもしれない、とも思うのです。

「東京は家賃が高いから、ひとりで生きていくのは大変なことだ」というぼんやりしたイメージが、日本中に空気のように存在していますよね。いま振り返ると、私がもしこのまま杉並区に暮らし続けて無一文になっても、東京のせいにしてさっさと田舎に帰ればいいや、という逃げの一手を、心のどこかでキープしておきたかったんですね。

しかし、東京だけど家賃が安い郊外で、ひとり暮らししたのにうまくいかなかったとしたら、失敗の原因は東京ではなく自分にある、と突き付けられることになります。それと向き合わされるのが怖かった。

それで、安いアパートを見つけてからも一か月ほど足踏みしていたのですが、ちょうどシェアハウスのメンバーが少しずつ移り変わり、以前ほど楽しくなくなってきていたことが私の背中を押してくれました。

この家、私にとっては、もう七万円も払うほどの価値はなくなってるかも。やっぱりお金がもったいないな。

そう感じた私は、不動産屋のウェブサイトで本格的に部屋探しを始め、二〇一〇年一二月にめでたく国分寺市のアパートに引っ越すことができました。上京してから初めて、自分の行動の結果を「東京のせい」にせず、自分で引き受けると決めた、小さいながらも記念すべき瞬間です。

もしも上京して、普通に七万円の家賃を払えていたり、東京で実家住まいだったりしたら、何の疑問も持つことなく楽しく暮らして、隠居することなんてなかったかもしれません。だから、これでよかったのだと思います。

失敗したときに、誰かのせいにできるという誘惑は、人生を主体的に生きるということから、自分を遠ざけてしまいます。何が正しくて、何が間違っているのかを、私が背負ってあげまっせ、という人や社会が出てきたら要注意。本当にそれでいいのか、手遅れになる前に、よく考えてみる必要があります。

隠居を目指さない

意外かもしれませんが、私が郊外に引っ越した時点では、隠居を目指していたわけではありません。ゆくゆくは週休五日で年収九十万円で生活できるようになるなんて、夢想だにしませんでした。

いま考えてみると、目標を持たなかったことのメリットはふたつあったように思います。

①さっさとそこから抜け出せた

②思わぬ展開を楽しめ、受け入れることができた

①さっさとそこから抜け出す

目標がないと行動してはいけないというルールはありません。

いま、そこにいるのがどうしてもつらいなら、抜け出すための立派な目標や理由を作るより、つらさを軽減するほうが先決です。目標がまったく要らないと思っているわけではなく、もし必要なら、落ち着いて考えられるようになってから、作ってもいいんじゃないでしょうか。

また、上京してきた目的がなかったのも、すぐにそこから離れることができた一因でした。

「声優を目指して東京に出てきて、十年芽が出なかったらやめよう」という目標を掲げて上京し、本当に十年芽が出なかったので田舎に帰った人の話を聞いたことがあります。是非はともかく、私がもし何かのためにきっちり期間を設けて上京してきていたら、それに縛られて郊外に脱出するのがもっと遅れていたかもしれません。守るべき期限や、達成す

るべき目標は、ないほうが柔軟に動けるなあ、と感じます。

②思わぬ展開を楽しみ、受け入れる

私は今まで生きてきて、ほとんど夢や目標を持ったことがないんです。するとどうなるかというと、いろんな可能性によく気がつくんですね。ゴールを設定していないから、右にも左にも行けるし、思わぬところに道を発見することもある。そしてそのときウキウキするほうを選んでいると、想像もしなかった方向に事態が展開していき、隠居のできあがり、というわけです（私の場合）。

以前、女優の黒柳徹子さんの長寿番組『徹子の部屋』についてのインタビューで、徹子さんがこんな話をしているのを読みました。

「『徹子の部屋』に出ていただいたゲストの中で、現在の職業や生き方をすることになるとは、思っていなかった方が九割」

これまでのゲスト総数は、四十年間で一万人を超えるそうですから、なかなか驚異的な数字です。多くの人生で、いかに現実に起こることが人間の想定を超えてくるか、という一面を見る思いがしました。

もし私が目標にとらわれて、頭で思いつく程度のことをうっかり目指していたら、今ごろこんな生活をしていなかったでしょう。逆説的ですが、隠居を目指さなかったから、隠居になれたのかもしれません。

ちなみに、ここでいう目標とは、数年単位の長期的なものです。「今週中に引っ越し先を決めよう」とか、「今月中にあのアルバイトを辞めよう」などの短期的な目的は、私にもたくさんありましたし、日常のちょっとしたモチベーションに活用してきました。ですので、短期的な目標を立てることが、「想像を超えた未来への道」を邪魔することはないように思います。

完璧を求めない

何かを始めようとするとき、完璧な条件がそろうのを待っていると、行動するタイミングを逸します。

隠居をスタートさせたときの私の願いは、「もうこんなに働きたくない」ということだけでした。そのうえで、私がアパートに譲れない条件として挙げたのは、

・キッチンがある
・バストイレがある
・なるべく家電もついている
・家賃は三万円以下
・でも事故物件ではない

この条件に合致するものは、必然的に狭かったり、低層階だったり、築年数が高かったり、駅から遠くて周囲にお店がなかったりしますが、そんなものは許容範囲です。

本当は、もっと探せば八王子あたりには、二万円台前半のアパートもよく出ています。しかし当時はまだ仕事を辞める勇気がなく、都心でのアルバイトを続けていましたから、通勤するのに遠くなってしまう。

そこで国分寺市の二万八千円のアパートで手を打ちました。

私はたまたまその後もずっと住みたいような条件のアパートに、一軒目で恵まれました。でも「もうこんなに働きたくない」という願いを叶えるだけなら、三、四万円台のアパートから始めてもよかったですね。これで生きていけるかどうかを確かめながら、段階的に安くて都心から離れた場所へ引っ越していくのも楽しそうだな、と思います。

一気にやろうとしない

この本では便宜上、私が郊外に引っ越したときを隠居のスタートとしています。

でも、いきなり週休五日で年収九十万円という生活が始まったわけではありません。長い時間をかけて、何を残し何を切り捨てるか考え、一歩ずつ隠居になっていきました。

実際、私が郊外に引っ越した時点では、アルバイトはすべて継続中でした。家賃が安いからって、実際暮らしていけるとわかるまでは、怖いので仕事はやめません。

中でも一番忙しくてストレスフルだったコンビニのアルバイトを辞めることができたのは、引っ越してから三か月後のことでした。お給料が月末締めで翌月二五日払いだったので、二〇一〇年一二月に働いたぶんが二〇一一年一月二五日に振り込まれ、実際それがなくても一か月生きていけそうか、二月いっぱいを使って確認し、三月に辞めました。

それで本屋のアルバイトと、足りないぶんを日雇いで補充するようにしていました。このときすでに月収七、八万円程度だったように思います。しばらくはこうした仕事を続けていましたが、やがて本屋も人手が足りず猛烈に忙しくなり、職場の空気も悪く、じんましんが出て辞めてしまいました。

その後、近場で介護の仕事をすることになり、これが東京での残りの隠居生活を収入面で支えることになります。

この頃になるともう、周りには私のことをよく理解してくれる友人しか残っていません。ときどきアルバイトを頼まれて臨時収入があり、介護の定収入七、八万円と合わせてやっていけるようになりました。

また、衣食住など生活面でも隠居生活のやり方がわかってきて、初めて自分のことを「隠居」だと思ったとき、郊外に引っ越してから二年が経過していました。

一度に全部を変えようとしないこと。少しずつ、時間をかけて、なくても生きていけるものかを確認していきましょう。

周りを納得させようとしない

私は昔から、突然旅に出たと思ったら、まったく外出しなくなったりと、突飛な行動が多かったので、周りを心配させてしまうところがありました。

「おもしろそうだから」という理由だけで上京しようとしたときも、周りから「なんで行くの？　行ってどうするの？」と聞かれまくり、私が答えられないと、ちょっと勝ち誇ったような顔をするのです。「目的もないのに行っても無駄だ」と決めつけられたような気分になって、本当に腹が立ちました。

一緒に上京するなら話は別ですが、単身で上京するんです。他人を説得する必要がどこにあるんでしょうか。

もし私が、上京するときも、隠居するときも、これから自分がやろうとしていることを説明して、わかってもらおうとしていたら、隠居生活にたどりつくまでにはもっと時間がかかっていたか、最悪の場合はあきらめて、隠居できていなかったでしょう。だから、周りを無視して本当によかったと思います。

周りの意見を参考にすることもありますが、ひとりで決断するべきことさえ、周りに納得してもらわないと行動できない状態になることは危険です。こうなると、もはや周りの納得が行動基準。彼らだって人間ですから、いつも正しいとは限りません。どちらにしても間違うかもしれないなら、自分で選ぶほうがましだと私は判断します。

私の親の場合ですが、「好きなように生きなさい」と言った翌日に「正社員になりなさい」と言ったり、発言がそのときの気分でバラバラで、さては他人事だと思って適当に言ってるな〜、という印象でした。だから、親の言うとおりにしていたら、人生が十回あっても足りない、と早くから危機感を持っていました。

上京するときも反対されましたし、今でも帰省するたびに「いつまでフラフラしてるんだ」と窘(たしな)められます。一応、上京の成果として私の本を渡しましたが、私の家には本を読むという文化はありません。実家の隅では、今も私の本がホコリをかぶっています。「自分ちの息子が本を出す」という意味がいまいちわかっていないようでした。隠居で親に納得してもらうのは、一生ムリかもしれません。

お金に対するあきらめから、早いうちに脱出する

ところで、私はなぜ、金銭的に苦しい生活から抜け出すのに一年半もかかってしまったのでしょうか。

お金に対する漠然とした不安がなくなった今、以前の私自身について振り返ってみると、長い時間をかけて自分のなかに培養されていた「お金に対するあきらめ」があったのがわ

かります。そして、その先にあるのは「自分がどうありたいか」に対するあきらめでもあります。

私たちの世代は、というか、もしかしたら全世代がそうなのかもしれませんが、「生活していくためには、おかしいと思っても疑問を持たずに働き続けなければならない」ということを、それこそ未成年のころから擦りこまれてきました。

中学生になったら「高校に進学できないぞ」と脅され、高校生になったら「大学に進学できないぞ」と脅され、たぶん大学に入ったら「新卒じゃないと就職できないぞ」と脅され、意味わからん校則にも問答無用で従わさせられ、履歴書や志望理由書を一文字でも間違えようものなら最初から書き直させられ……。

「そうしないと世の中でやっていけないぞ」と脅すばかりで、「失敗しても生きてはいけるから大丈夫だよ」と言ってくれるような大人は、私の周りにはひとりもいませんでした。

だから私は、上京してから一年半をかけて、誰の応援もないまま「進学・就職しなくても生きてはいけるか」をゼロから自分で確かめなければいけなくて、非常に心細かった。

最低限生きていくだけなら週二日の労働でも大丈夫じゃん、と自ら実験してわかった今、あの頃の私が通った学校に戻れるなら、「進学・就職しないと生きていけないなんてウソですよ～」と全校放送したい気分です。

とはいえ、何も知らない未成年のころから「生きていけないぞ」と脅すのって反則だろうと思う一方で、自分で確かめもしないうちから、それを当たり前のこととして受け取ってしまったのは、半分は私の怠慢だったと反省もしています。

金銭的には苦しかったけれど、自分がどう生きていきたいのかと向き合わないまま、アホみたいに高い家賃を払うことも、そのために働きまくることも、「当たり前」で済ませておくのって、ある意味ではラクでしたから。

あれって共犯関係だなあと思う。

「考えなくていい代わりに、言った通りにすれば社会からの受容と、居場所を与えてあげますよ」という人と、「自分が選択したことの責任を負わずに済むならそれでいい」という人がいて、初めて成り立つ関係。不覚にもまんまと乗っかってました。

自分のなかにある、お金や、自分がどうありたいかに対するあきらめに、手遅れになる前に気がつくこと。

そのために、自分で確かめたこともないのに当たり前と思っていることはないか、注意深く探してみること。

当たり前と思っていることがあるなら、それが本当にが正しいのかどうか、やりやすいものからひとつずつ確かめ、実践を積み重ねていくこと。

むりやり生活を変えることが目的ではないので、「こう生きなきゃいけないってわけでもないな」という余裕を、いざというときのために自分のなかに作っておくだけでもいい。それもなるたけ早いうちに。習慣というのは、長ければ長いほど変えるのが難しくなってきますから。

私は低所得生活を人に勧めるつもりは毛頭ないんですが、みんなが「低所得だから」「高齢だから」「不景気だから」「親や周囲にそう言われたから」「それが当たり前だから」といった消極的なあきらめからではなく、「自分がどうありたいか」という積極的な態度で毎日を過ごしている社会を、生きているうちにひと目見たいとは思っています。

きっと壮観だろうと思う。

第二章

落ち着いた生活をつくりあげる

前章までは、言ってみれば準備段階。よりよい生活について冷静に考えるスタート地点に立つためには、まずはつらい場所から脱出する、ということを書きました。ですから、ここからが本当の始まりです。

しかし生活というのは、一朝一夕につくり上げられるものではありません。私の場合は、自分だけの生活のやり方がある程度できあがるまでに、二年くらいはかかりました。

この章では、私が郊外に引っ越した二〇一〇年一二月から約二年のあいだに、いかに隠居生活を作り上げ、改良を続けていったか？ そしてそれぞれの問題に何を思い、どう対処していったか？ を書いていきます。

・自分には本当は何が合っていて、何が合っていないのか
・何が必要で、何が不要なのか
・それらをどう判断すればいいのか
・どんな障壁が予想されるのか

・行動に移すときの心がけ

そして、自分だけの生活のやり方がだいたいわかったとき、

・それをどう続けていくのか
・あるいは、変わることを選ぶのか

ただし、隠居生活のお手本を紹介したいわけでもないですし、あなたが目指すべきわかりやすいイメージも提示しません（わかりやすい答えを親切そうに提示してくるものを、私はまず疑います）。他でもないあなたが、どうすればハッピーなのかを、自力で考え、見つけ、確かなものにしていく過程で、役に立ちそうなものを、私の実生活からピックアップしてみました。

そんなわけで、参考になりそうなことがあればどんどんパクって、自分だけのハッピーを見つけるためにじゃんじゃん利用してください。

最低限の満足ラインを確認する

生活というのは、何年も、ときには何十年も続いていきます。

とくに隠居のように毎日変化がなく淡々としていると、「これでいいんだっけ？」と立ち止まってしまうときが必ず来ます。でも、私は隠居生活の初期に「どういう状態であれば満足なのか」、最低限の条件を確認しておいたことで、無駄な不安や迷いをかなり減らすことができたように思います。

これは、郊外のアパートに引っ越して、ゆっくりと生活ができるようになってきた頃の経験がきっかけでした。

引っ越す前は、「こんなに毎日働いていたら、やりたいことが何もできないじゃん」とブーブー文句を言っていたのに、いざそこから抜け出してみると、引っ越してまでやりたいことが、とくに見つからなくて困ったのです。

これはどういうことなんだろう？　としばらく考えた結果、「やりたいことができないのがイヤなんではなく、やりたくないことをしなきゃいけないのがイヤだったんだな」ということがわかりました。満足って、何かをすることで得られる場合もあるけど、何かをしないことで得られる場合もあるんだ、と。忙しいと、そんなことに気づく余裕もなくなってしまうんですね。

それ以来、私は満足の最低基準を「好きなことをしているか」ではなく、「イヤなことをしないでいられるか」で判断しています。

やり方は簡単。どうしてもイヤなこと、やりたくないことをどんどんリストアップしていきます。その中でも、一番やりたくないことは何か。それをやらずにいられる状態を、最低限の満足ラインとします。ちなみに私が一番イヤなのは、「本当に必要ではない、よくわからないもののために働くこと」です。もっと大きくすれば、「誰が何のために作ったのかよくわからないルールに従うこと」とも言えるかもしれません。

誤解されがちですが、私はまったく働きたくないわけではなくて、週に二日くらいの労働は、良い気分転換になるので、むしろ歓迎ですし、定年に関係なく生涯続けたいと思っています。そして今後、フルタイムでも働くことが自分の幸せにつながる、と判断すれば、いつでもそれをやるでしょう。

この方法のいいところは、迷わないことです。やりたいことってすごく迷うのに、やりたくないことってどんどん出てきて、不思議と迷わないんですよね。

なぜ迷わないかというと、「何をしないか」は、外野の影響を受けにくいからだと思います。

やりたいことを考えているときは、雑念が多く発生しています。他人からの毀誉褒貶に対する心配。本当にできるだろうかという不安。できなかったときの言い訳を用意しておきたくなる、などなど。

まさに引っ越したばかりの私がそうでした。「働きすぎてやりたいことが何もできない」と当時のシェアメイトなどに愚痴っていた手前、引っ越してから何がしたかったのか対外的にきちんと説明できないとダメかなー、と心のどこかで考えていたんです。

でも私はシェアメイトを満足させるために生きてるわけじゃありません。

この場合、はじめから「やりたいこと」でなく「したくないこと」に目を向けて、「こんなに働きたくないから引っ越します！」これでよかったんですよね。

それから、「何をしたか」は成果としてわかりやすいですが、「何をしなかったか」は目に見えてわかりにくいし、あまり気付かれません。気付かれないと、批判もされないし、それに対して理論武装したり、予防線を張ったりしなくていい。また褒められることもないので、それを目的に本当の欲求を捻じ曲げてしまうこともない。だからよけいな雑念が入らずに、よほど気楽に、かつ正直に考えられるように思います。

もちろん、やりたいことがたくさんあるなら、そんなにいいことはありません。でもやりたいことがわからないというときは、やりたくないことで満足を確認してみるのもひとつの方法です。

また、隠居を始めてからは、最低限の満足ラインは定期的に確認することにしています。人間は何の不満もない状態にも慣れて、やがてそのありがたさを忘れてしまうからです。たとえば私の場合は、どんなアルバイトでも始めて二年が経つと、だいたい一度は辞めたくなります。同じことの繰り返しになんとなく不満を覚えて、前進できていないような気になってくる。何か新しいことをしたほうがいいんじゃないかな〜と漠然と不安を感じはじめる。そういうことが多々ありました。どんな職場にもそれなりに大変なことがあるし、現在の職場だって捨てたもんじゃないということが、ちょうど見えなくなる時期なんですね。

そんなときは、変化のない日常に無意味に焦って何かをしても、根本的な解決にはならないだろうと判断し、不安の波が収まるのを待ちます。そして落ち着いてから、まっさらな気持ちで、本当に辞めたいのか確認することにしていました。

するとたいていは、「よく考えたら何の問題もないし、最低限の満足ライン（やりたくないことをしない状態）はキープできてるじゃん」というふうに落ち着きます。

たぶん新しい行動を起こすことで何かしている気になって、「向上心」という聞こえの良さに目の前の不安を預けたかっただけなんですね。現状維持だって立派な選択肢のひとつなのに。

何をするかよりも、何をしないかに注目して、満足の最低ラインを見極めておくと、あとから迷うことがなくなりとても便利です。

自分でどうにかできること・できないことを分ける

必要以上に働かない生活をしていると、不安なこともあります。

たしかに不安の中には、「自分の力ではどうにもならない領域」もありますが、注意してみると、「自分でどうにかできる領域」もちゃんとあるものです。これらをしっかりと見定めて、「自分でどうにかできる領域」の中でベストを尽くし、「どうにもならない領域」については仕方がないと割り切ることで、不安を最小化することは可能です。

まずは第一に、「ケガ・病気をしたらどうするか」について。

ケガ・病気については、急病や災害のような突発的で避けがたいこともありますが、習

慣病や事故については、ふだんの生活や注意をすることである程度避けられるはずです。

私の場合は、規則正しい生活と適度な運動、ストレスを避けること、そして毎日の食事。前にも書きましたが、朝七時には起きてラジオ体操、日中は小一時間散歩し、寝る前にヨガをします。

そして食生活は基本的に三食自炊で、一日一度は玄米菜食。目先の損得だけを見ず、十年二十年というスパンで、もっとも経済的でより健康でいられるものを選ぶようにしているので、無農薬や自然栽培の玄米を愛用していました。野菜も自然食品店などで有機・無農薬栽培のもの。スーパーや近所の農家の直売所でも、なるべく減農薬のものを選んでいました。こうした食材を使い、腹六分目の量を、よく嚙んで食べることにしています。ここまでは私がやりますが、あとのことは仕方ないのであきらめます。

料理のプロが毎日の食事を担当されている天皇陛下でも、ご病気になられることもあるのですから、どんなに気をつけていても百パーセント無病息災、というわけにはいきません。


次に災害時については、最低でも三日ぶんの水と食料を常備しておくのが望ましいと言われています。食糧はお米や乾麵、缶詰などストックがありましたし、いつも何かしら作り置きをしているし（スコーンは一週間ぶん一気に焼きます）、いざとなったら趣味の野草採集を組み合わせれば、緊急時くらいは乗り切れるでしょう。

そしてあまり知られていませんが、私が隠居生活をしていた国分寺市では、街じゅうの公園などに誰でも使える公共の井戸が設置してあり、水道水にも一部地下水が使われています。ちょっと飲んでみると、かなり鉄っぽい味がしましたが、有事の際はこのお水をブリタの浄水器で濾過するか煮沸すれば、完璧とはいかないまでもまあ飲める、と考えていたのであまり焦ることもありませんでした。

災害が起こること自体は、自分ではどうしようもないので、これ以上のことはしません。

なんだか当たり前のようなことばかり書いてしまいましたが、当たり前のようなことなのに、実践できている人はあまりいないように思います。いたずらに怖がるのはやめて、こうしたことを調べて想定しておくだけでも、不安はある程度減らすことができます。

社会や他人の「いいね！」を求めない

東京での六年間の隠居生活が破綻しなかった理由のひとつは、社会や他人からの「いいね！」を求めなかったことだと思います。

こうして本を書かせていただくようになる以前、私は自分の隠居生活について、聞かれれば答えるけれども、自ら進んで発信はしていませんでした。ネットにも疎いので、隠居のブログを開設するなんて発想もなかった。

すると何が起こるかというと、何も起こらないんですね。誰からも褒められもしなければ、けなされることもない。ですから、他人の言動に影響されることなく、自分の実感するところに従って、よりよい生活をつくっていくことが容易にできました。

誰かに認められたくて隠居していたわけではないので、本が出ても出なくても、生活は変わらなかったと思います。

いつも社会や他人の承認を求めていると、どんな問題があるでしょうか。

おそらく、だんだん自分で決める力を奪われ、世間の価値基準なしでは、自分がどんなふうに生きていきたいのかさえ判断できなくなっていくと思います。

そうしたことにならないためには、まず社会や他人の承認が飛び交う場所から離れることが役に立ちます。とはいえ現代社会では、ＳＮＳなどが日常生活のなかに深く入り込んでいますから、完全に離れることは難しいかもしれません。

ただ、ＳＮＳをやっているかどうかは本質的な問題ではないようにも思います。ライフスタイルの根幹が、何よりもまず自分の「いいね！」によって支えられていることのほうが重要です。


さて、それを簡単にチェックする質問があります。

もしも明日、世間の価値観がガラリと変わってしまい、自分のライフスタイルが流行おくれになったり、非常識だと非難されるようになってしまったら、どうしますか？　今まで「いいね！」してくれていた人たちが、ひとりふたりと離れていき、やがて誰からも見向きもされなくなっていく。それでも続けたいと思うかどうか、問いかけてみてください。

迷わずに「続ける」と答えられるなら、きっと大丈夫。それは世間の価値観ではなく、自分の実感によって作り上げられた生活です。

世間の評価というのは、数年で、ひどいときには数日で変わってしまう、当てにならないものだということは、覚えておいたほうがいいです。そんないい加減なものの上に、大切な自分の生活を築いては危険です。

私がこうして本を書かせていただいているのも、今たまたま「スローライフ的なもの」に注目が集まっているから、というだけの話でしょう。自分の生き方が社会や他人に承認されているのではなくて、時代がつくったまぼろし、くらいに捉えるのがちょうどいい。何よりもそのほうが、外野に振り回されることが減りますし、長い目で見て自分がラクだからです。

ネガティブな気持ちから行動に移すのをやめる

自分にとってよりよい生活をつくりあげるために、最大の障壁になるのが、自分自身かもしれません。

私にもときどき、隠居生活に自信がなくなることがあります。とくに体調を崩したときや、落ち込んでいるときが多いです。ひとり暮らしのアパートで、風邪をひいて寝込んで、数少ない仕事も休んでしまったときなど、「やっぱりいざというときのために、もっと働いて保険とかにも入ったほうが……」「もう世間に承認されることでOKってことにしちゃおうかな……」といまだに鬱々としてしまいます。

でもこういうときは、ぐっとこらえて、何かを決断することは先送りにします。体調の悪いときは、焦りや不安などのネガティブな感情が元気いっぱいです。そうした感情が優勢になると、物事を冷静に、多角的に見ることができないし、焦って何かしても他人に迷惑がかかったり、あとあとロクなことがありません。

暗闇のなかにいるときは本当につらくて、このことがわからないのですが、経験上、不安に突き動かされて行動しても一時しのぎの安心にしかなりません。完全に回復してから振り返ってみると、別にどうもしなくてよい事案だった、ということはしょっちゅうです。それでもどうしても決めなくてはいけないときは、比較的調子がよく、気分が前向きな日を選ぶことにしていますが。

経験としては、調子が悪い↓ネガティブな感情に支配される↓過ぎ去ると意外とどうってことなかった、というパターンは、毎回びっくりするほど同じです。でもこのときの不安は毎回リアルで新鮮なので、六年間隠居していても、慣れることはありませんでした。自分でいうのもナンですが、気楽な隠居に見えて、心の中では一線を踏み外さないようにつねに緊張しています。

ネガティブな感情は、体調不良時の不安や恐怖だけではありません。ほかにも、焦り、執着、妬み、憎しみ、劣等感、虚栄心、独占欲、名誉欲、強迫観念などいろいろあります。そしてこうした感情にひとたび突き動かされると、それをしているあいだじゅう、そこはかとない息苦しさが付きまといます。よりよい生活のためには、息苦しい時間は一秒でも減らしたい。

そこで、私は「感情のスクリーニング」と呼んでいるのですが、いま自分がどういった感情から行動しようとしているのか、行動に移す前によく点検してみます。

たとえば、私は家が裕福でなかったので子どものころは家がボロかったり、いつも兄のお下がりの服を着ていたり、流行のゲームを買ってもらえなかったりということが、恥ずかしかったんですね。それで、「金持ちなんてどうせ悪いことをしてるに違いない」とか言って気分を晴らそうとしてみるんですが、そういうときって気分が晴れるどころか、なんとな〜く不快な気分がそのあとまでずっと続くんです。

なぜかというと、世間ってそんなにわかりやすく単純にはできてなくて、実際は私の友人のお金持ちはみんなものすごくいい人ばかりだったし（笑）、ただの友人の私を外食や旅行にしょっちゅう連れていってくれましたから。マンガに出てくるような性格のひん曲がったヤツはひとりもいなかった。ただ私が劣等感に突き動かされていただけなんですね。

今でも、お金持ちが租税回避地に形だけの会社を置いて税金を免れてるみたいなニュースを聞くと、反射的に「やっぱり金持ちはこっすいわー」とか、まるで金持ち全員が悪のように思いそうになります。でも、私はもう自分が貧しさに劣等感があることを知っていますから、こうしたネガティブな感情が心の奥底に見つかった場合は、そっと行動に移すのをやめてみます。するとどうなるかというと、何も起こりません。自分の心の中に、小さな平和と満足が残るだけです。

結果が目に見えないぶん、わかりやすい達成感や刺激はまったくないので、「だから何？」と拍子抜けするかもしれません。でも、よく検分してみると、噛めば噛むほど静かにしみてくるような、滋味深い満足感があります。

私が東京で六年間も隠居生活を続けられたのは、結局のところ、こうした小さな平和と満足感にいつも下支えされていたからだと思います。

ネガティブな感情をうまくコントロールして、行動のかじ取りを明け渡さないこと。ほんとうに小さなことですが、この小さなことの積み重ねが、世間ではなく自分のハッピーのためには、とても大切になってきます。

とはいえ私もまだまだ失敗することはあり、こればかりはたぶん一生、慣れることはありません。これからも気を引き締めて、自分軸で判断していく所存です。

生活の大半をルーティーンで回す

世の中で当たり前とされているものや、多くの人が採用している行動・考え方は、その時代や社会のマジョリティに最適化されていますよね。

それは自分の生き方がマジョリティに当てはまるあいだは便利ですが、私の場合は週二日しか働かないので該当しません。自然と、「世の中で当たり前の生活スタイル」は経済的にも必ず合わなくなってきます。そこで自分の生活に適したものを探していく必要に迫られました。

でも、前例やロールモデルがないと、何か行動を起こすたびに、自分の価値観と見合うかどうか照らし合わせなければなりません。これがめちゃくちゃ面倒くさい。その面倒くささを解消するため、ルーティーンを作っていき、それで済ませられることは全部済ませるようになりました。

ルーティーンに任せていいものは、たとえば毎日の献立や運動、服のコーディネート、それらをどこで買うのか、掃除や洗濯は週に何回するのかなど、毎回考える必要のないものです。

そんなことをしたら毎日がヒマすぎる、と思うかもしれませんが、週二日しか働かない生活でも、けっこう突発的な対応を迫られることはありました。放っておいても、突然のトラブルや病気、単発の仕事・遊びの誘いなどは起こるんですね。

これらはルーティーンでは解決できないこと。その都度状況を考えて、最適解を導く必要があります。経験上、ふだんルーティーンで日常の煩雑なことを済ませておけば、こうしたことにも落ち着いて対処でき、失敗することが減ります。

でも、ただルーティーンにするだけではもったいない。どうせやらなければいけないことなら、ルーティーンで済ませつつ、最大の効果を得られるようにしたいですよね。次は、私がどうやってルーティーンを作り、最大の効果を引き出し、さらに改善を加えてきたか、を書いていきます。

ルーティーンのできていくようす

私のルーティーンを一部ですがご紹介します。毎日の献立について。

先にもちらっと書きましたが、東京に住んでいた時は、朝は自家製スコーンか食パン、それに果汁百パーセントのジュース。昼は麺類。夜は無農薬の玄米と一汁一菜。

これは、自分が食に求めているもの（栄養、健康、ひまつぶし、美味しさ、安さ、合理性、手間がかからないこと、など）と、自分の状態（年齢、体質など）と環境（世帯構成、経済力、仕事の内容、キッチンの設備、思想など）から、時間をかけて割り出していったものです。

ただ、はじめからこうなることを目指していたわけではありませんでした。その都度、実際にやってみて、隠居生活にふさわしいかどうかを自分で判断していった結果、自然と出来上がっていった、というのが実情です。逆に言えば、はじめから完璧を目指さなくても大丈夫、ということになります。

私自身、都心で毎日働いていたときは、何が自分にとって大切か考える余裕もなく、ただ「安さ」という基準で食材を買っていました。二〇一〇年一二月に隠居生活を始めた時も、経済的な制約があったので、セール商品の安いものばかりで献立を考えていました。最初はそれでいいんです。

それに慣れてくると、だんだん次のハードルが出てきます。私の場合は「キッチンが小さい」でした。

アパートにはコンロがひとつしかなかったので、コンロがふたつ以上必要な料理（たとえばパスタ。一方でソースを作りながら、もう一方でパスタをゆでる必要があります）や、何品も必要な献立は減らしていきました。煮るか焼くかでできる簡単なものから逆算して、セール品の中から食材を買えば、「安さ」と「キッチンが小さい」をクリアできます。

それをクリアしたら、次は「手間がかからないこと」を求めるようになりました。隠居を始めてからも引き続き、経済的事情から毎日自炊する必要がありましたが、毎日やらなければいけないことに手間をかけたくありません。

そこで、二十代も後半になってきて、あまり肉々しい料理を食べられなくなってきたこともあり、肉食をやめてみました。カレーには肉でなく大豆の水煮を、チャーハンを作るときもハムやチャーシューでなく魚肉ソーセージといった具合に、肉よりも安めの食材を代用。すると、脂で汚れないので、洗い物が格段に簡単になりました。食器用洗剤もほとんど使わずに済みます。経済的にも安上がり。

そして、一円でも安い店やタイミングを求めて何店舗もはしごすることもやめました。食材は安く手に入っても、つねにより安いものを探す終わりのない疲労感と比べると、割に合わないと思ったからです。何が安いかというのは、全体的に考えて判断することにしました。

たとえ商品だけが安くても、そこまで行くのにかかる時間や電車賃や労力、セールの混雑時にわざわざ出かけることのストレスなどを加味すると、平日の空いてる日に近所のいつものお店に行って、レジでも並ばずに十分でサッサと買って帰り、空いた時間で本でも読んだほうがお得だと私は判断。毎回買うものが同じですから、値札をいちいち比べたりする手間もありません。

これで、「安さ」「キッチンが小さい」「手間がかからないこと」、さらに「体質（肉がたくさん食べられない）」もクリアです。

次に私が手を出したのが「健康」でした。隠居開始当時、私は二五歳でしたから、よく考えたらこの先も人生は長いです。食生活をないがしろにして将来生活習慣病になったときに、一生続く治療費や負担のことも計算に入れると、いま少しくらい高いお金を払っても、身体にいいものを買うのは長い目で見れば「健康」かつ「安い」と判断。

それで、ほんとうに身体にいいものは何なのか、いろいろ調べて行きついたのが、無農薬の玄米菜食でした。玄米は栄養価が高く、完全食といわれていますので、おかずをたくさん作らなくてよく、ずぼらな私にぴったりです。実際続けてみると、よく言われるような臭みはなく、腹持ちもよく、少量で満腹感があり、体も軽く、毎日快便です。さらに嬉しい誤算として、肉を食べた後のような性欲も減り、イライラすることも少なくなったように思います。

これで、「値段の安さ」「キッチンが小さい」「手間がかからないこと」「体質」、「健康」も手に入ったというわけです。

まだまだ続きますが、キリがないのでこれくらいにしておきます。

このように、ひとつずつ順番に、自分の求めるものをぶつけていくと、自分だけのルーティーンが磨き上げられていきます。

私の食生活についていえば、「ある程度完成した」と感じるまでに二年はかかりました。それをつくっている最中は、与えられた制限のなかでどのように自分の欲しいものを手に入れるかというゲームをしているようで、けっこう楽しかったです。

ただ、何を選ぶにしても、一般的な評価を鵜呑みにするのではなく、必ず自分で確認するという段階を忘れないでください。たとえば玄米菜食は健康にいいと一般的には言われていますが、そういった食生活を実際に数か月やってみて、自分の体調や、経済的に持続可能かどうかなどを確認してから、はじめてルーティーンとして採用を決定します。あとから社会のせいにしないためには、自分の責任で選ぶことが大切です。

自分だけの理想のルーティーンができてしまえば、そのあとは毎回考えなくても自分に見合ったものが素早く手に入り、時間の節約になります。そしてよけいな回り道や、選び間違うことがぐんと減る。無駄遣いも減り、結果的にお金も節約できます。最初の数年は疲れることもあるけれど、一度できてしまえばあとはラクなので、長い目で見ると、やはり早いうちにルーティーンを作っておくことのメリットは大きいと思います。

ルーティーンをアップデートする

とはいえ、一度作ったルーティーンはずっと放っておけばいいかというと、そうもいきません。人の気持ちや環境は常に変化していきますから、古いルーティーンではどうしても対応しきれなくなっていきます。ですから、定期的にルーティーンのアップデートは必要です。

そのタイミングの目安は、

①以前ほど効果が上がらなくなったとき
②より理想に適うものが見つかったとき

以上のふたつです。

①以前ほど効果が上がらなくなったとき

環境はつねに変わっていきます。変わっていくパターンとしては、

・周囲の環境の変化
・自分自身の変化

があります。

周囲の環境の変化でいえば、いつも買っていた商品が取り扱い終了になってしまったり、お店自体が閉店してしまったり。

私の場合だと、たとえば冬の常備菜は大根と決めたら、大根のみに向かって猪突猛進。それ以外の野菜はセール品であっても、おつとめ品であってもスルー。ですが、あるポイ

ントから大根の入荷数が少なく、値段が高く、陳列棚も端っこに移動していきます。

「最近大根のようすがおかしいな」ということが二、三回続いて、よくよく売り場を見てみると、安くて旬の春野菜が出ている、といった具合。ここが春キャベツやたまねぎなどに乗り換えるタイミングです。


自分自身の変化としては、体調や気分、考え方の変化も含まれます。

私の場合、真夏に玄米を食べたくなくなります。ただでさえ食欲が減退する暑い夏の盛りには、食感や腹持ちがしっかりしている食べ物は喉を通らなくなるのかな、と解釈しています。

こういうときは、さらっと食べられる白米にあっさりチェンジ。玄米を食べたくないんだから、仕方ありません。

さらに将来は、木食行（木の実や野草だけを食べて暮らす修行）にも興味があるので、そういう気分になったら、玄米菜食の習慣も変えることになるでしょう。

②より理想に適うものが見つかったとき

日常生活のなかで新しい情報やアイディアに接して、そちらのほうがより自分の理想的な条件に近い場合は、素直に変更を検討します。

私の場合は、隠居生活をはじめてからしばらくは駅前のスーパーを利用していましたが、いつも混んでいて、並ぶのがストレスでした。散歩しているうちに、より近所に空いてるスーパーや、農家の無人販売所をいくつか見つけたので、それ以来そちらで買物をするようになりました。

とくに無人販売所は、だいたいスーパーよりも三割から五割ほど安く、朝収穫したばかりなので新鮮。しかも露地栽培なので、旬が終わったら自動的に販売されなくなります。便利なのでよく利用させていただきました。

注意点としては、

・アップデート自体が目的ではない

・根をつめない

ということが挙げられます。

・アップデート自体が目的ではない

変化していく様子は毎回違いますから、時期や内容はまちまちですし、しばらく変化が見られないなら、ムリして変えなくても大丈夫。また、アップデートするために新しいことを探す必要もありません。私も毎日気にしているわけではなくて、放っておいたら「あれ？　最近なんか違うなぁ」と思うときが必ず来ます。そのときに初めて見直しを検討する、くらいです。

・**根をつめない**

普段は三食自炊していましたが、ほんの時折、外食が続いてしまうときもあります。でも、どうってことありません。経験上、ルーティーンの快適さが身についていれば、特別なことをしなくても、ゆっくりと戻っていきます。

ここまでルーティーンの良さについて書いてきましたが、ルーティーンを作らない生活も全然アリです。自分の価値観と照らし合わせた結果、たとえば、毎日セール品だけで違う献立を作り続けるのが好き！　という方は、食生活にルーティーンを持ち込まなくてもいいと思います。ムリがなく、自分が納得していることが、何よりも大切なことです。

把握できるぶんだけにする

私は衣類も食器も本も、頭の中で把握できるぶんだけにしています。これは、実はスマートな理由からではまったくありません。むしろ、ズボラな性格だからこうなっただけです。

若い読者の方には、何の話かわからないかもしれませんが、歳をとると、モノを処分するのにも体力が要るようになります。本当です。

二十代の若いころは、たまった服や本やCDをまとめて一気に処分するのも、お祭りみたいで楽しかったものでした。しかしアラサーが近づくにつれ、正直、だんだんしんどくなってくる。

経済力のある人なら、業者に頼んでお金で解決することもできるでしょうが、たかがモノを処分するために使うお金のために働きたくない隠居の私ですから、そのオプションは許されません。ですから、残された選択肢は「増やさない」の一択です。

それ以降は、衣装ケース内の服やキッチンの食材・食器、本棚の本などは、頭の中でそらで数えられるぶんだけ、と制限をかけました。

つねに把握できるぶんしか持てないとなると、もっとも要らないものから淘汰され、ひんぱんに使うもの、本当に大切なものが優先的に残ります。

また、決断も早くなります。着るものや食べるもので悩まない。朝昼晩はこれ、春夏秋冬はこれ。家で作れないものは、サッサと外食。衣替えの必要もないうえに、まだある食材をうっかり二重に買ってしまうこともありません。冷蔵庫や衣装ケースはいつも適度にスカスカ、掃除もしやすい。

こういう状態が続くと、よけいなモノを買うことがなくなり、経済的な負担も少しずつ減っていきます。

そうはいっても、気がつくとモノが増えている、という方もいるかもしれません。

「把握できるぶんだけにする」を確実に行動につなげるために、私が必ず実践することがあります。もうおわかりかもしれませんが、買物をするときに、もう処分するときのことを考えてみるのです。

これ処分するときめんどくさそうだなー、と思えればしめたもの。買わずになんとか済ませられないかと考えて、とりあえずその場で買うのにはストップがかかります。一度帰宅して、よく考えたらそんなに欲しくないじゃん、と思うときもあるし、買わずに工夫して済ませられることもあります。

結果的にモノが増えず、不要品や一時の気の迷いのためにお金を使うことも減るというわけです。

あとは買物時だけでなく、いま家にあるものを端からひとつずつ、処分するときのことを考えてみるのも楽しいです。

私の場合で言うと、電子ピアノを持っていたんですが、これは重くて大変です。もし壊れたら、あとは弾きたいときだけスタジオとか、知り合いのピアノのあるお店に行けばよし。

衣装ケースも無印良品のプラスチック製のものを使っていましたが、これも大きいので粗大ゴミになってしまいます。捨てるのは面倒くさそう。だから次に引っ越すことがあれば、段ボールを二枚重ねに貼り付けて、カラーボックスのように組み立てて収納に使おう、とか。弱くなったら定期的にたたんで捨てられるし、新しいものはお店でタダでもらってくればいい、と考えてました。

この作業を頭の中だけでもしておくと予行演習になって、無駄なお金を使わずに済むようになります。

人間関係の強制リセット法

服や本などのモノのほかに、気がつくと増えてしまうのが人間関係です。

あまりに増えすぎると、本当は誰が大事で誰がそうでもないのか、優先順位がわからなくなってしまいますよね。かといって、連絡帳を開いてひとりずつ吟味して整理していくのも面倒くさい。

ズボラな私が今まで、人間関係の強制リセットにいちばん効果的と感じたのは、「ケータイを持つのをやめること」です。

序章でも少し触れましたが、ここではもう少し詳しく書いてみます。

ケータイが普及してから、私があえてケータイを持たなかった時期が二回あります。

一回目は高校卒業後、ひとりでいるのが楽しすぎて人間関係を断絶した三年間。そして二回目は、上京後に隠居をはじめてから出版に至るまでの四年半です。

一回目のときはまだ実家に住んでいましたので、ケータイのかわりに家の固定電話を使っていました。そして二回目は、引っ越し先のアパートにネット回線を引くときに、たったのプラス五百円で固定電話を設置。

もともと社交的ではないので、ただでさえ人より交際量は少なかったのですが、このタイミングを境に、周りから人が波のように引いていくのがわかりました。

ケータイを持っているときには慣れてしまってわからないのですが、誘いを断ることもさることながら、連絡を受けるだけでも、もっと言えばいつでもどこでも連絡される状態自体が、微妙にストレスなんですよね。とくに料理中や、歯を磨いているときなんかにケータイに電話がかかってきて、作業を中断して電話に出たのに、こちらの都合も聞かずにいきなり用件を話し始める人なんか、もう腹が立ってきます。私はこういう人を、仲がいいとか、関係が深いとは思いません。

それが固定電話にしただけで、連絡する際の心理的なハードルが一段階上がるのか、大した用事でもないのに電話がかかってくることが劇的に減りました。そういえば私も、固定電話に電話をかけるときは、失礼にならないように、はじめのあいさつとか第一声を頭の中で用意していたものでした。

このハードルを越えてまで連絡をくれる人だけが、のちのちまで残っていく人です。逆にいえば、ケータイを持っていないくらいで離れていくのは、それまでの人。実際、長い付き合いの友人たちは、私がケータイを持っていなくても、台湾に住んでいても、ときどき思い出したように何かの手段で連絡をくれることがあり、東京に限らず世界中のいろんな場所で会います。残っていく人は、体感としては十人のうち一、二人くらいでしょうか。

要／不要をひとりずつ確かめていたら膨大な作業になってしまいますが、ケータイを持っていないだけで勝手に人間関係が淘汰されていくなんて、こんなにラクなことはありません。

ただ、私のように数年という単位で持たないとなると、それはそれで弊害もあったりします。たとえば私はケータイを持っていないというだけで、にべもなくアルバイトの面接で落とされたりしました。

しかし、ここで落とし穴なのは、「ケータイを持たないこと」が目的ではない、ということです。

私もさすがにケータイを持たないと生活費も稼げない状態になれば、柔軟に対応したと思います。

まあそんなに重苦しく考えなくても、自分にとって本当に大切な人を見極めて、限られた時間のうち、その人たちのために使う分量をより多くしてみよう、くらいの感覚で大丈夫。

現実的には、引っ越しや転職、ケータイの更新月などのタイミングで、数か月持つのをやめてみると、自然に遂行しやすいように思います。

周りには、「ケータイをなくしちゃって、出てくるのを待ってたら二か月経っちゃった」とか言っておけばいいんじゃないでしょうか。ケータイなんて、いつでもまた持てますから。

誰が去っていき、誰が残るのか、お茶でも飲みながら観察しているのも楽しいものです。

他人の生き方を学ぶ

六年間も隠居していたのに、「これで完成。もう直すところはない」という境地には到りませんでした。

「問題がない」のは「改善する余地がない」ということではなくて、どんなに現状に満足していても、ふとしたときに必ず「あ、それいいな」というヒントやアイディアには出会うんですね。

これらのヒントやアイディアは、その気になれば人との会話、テレビ、ラジオ、中吊り広告、目に映る、耳に聞こえるすべてのことが教えてくれます。なかでもそういった情報に一番アクセスしやすい万人向けの方法は、本を読んで他人の生き方から学ぶこと。

本は、普通なら話を聞くどころか、お目にかかることすらできないような社長とか、おもしろい経験をした人の話が、厳選され、編集され、校正され、読みやすくまとめられています。自分がこれと同じ内容をインタビューして聞き出そうと思ったら、時間も労力もどれだけかかるかわかりません。そんな大変な成果が、本なら時間も場所も選ばず享受でき、値段も千円から二千円程度で何度も読めて、しかも電源も要らない。コストパフォーマンスはかなり高いと思います。しかも図書館に行けば無料で借りられますし。

他人の生き方を学ぶときは、あえて自分とは真逆の生き方をしている人の本を読んでみると、発見がたくさんあります。同じような考え方の本も楽しいのですが、すでに知っていることも多いし、そればかり読んでいると多様な考え方に対応できなくなるかもしれません。自分とまったく違う人の頭の中には、自分が知りえなかったことや気づけなかったことがたくさん入っていて、参考になります。

私の場合は「アナログ・考え方が抽象的・あまり働かない人」なので、その真逆の「デジタル・考え方がロジカル・ものすごく働く人」の本を選ぶことになります。私の前著『年収90万円で東京ハッピーライフ』に推薦文を寄せてくださった堀江貴文さんや、勝間和代さんの本は昔から好きでよく読んでいます。最近では未来食堂・店主の小林せかいさんの本『ただめしを食べさせる食堂が今日も黒字の理由』もおもしろかった。

私が食事や買物や服装など、生活のいろんな部分に「効率化」を持ち込んだのは、こうした真逆の方たちの発想が原点です。

ふだん本を読まない人なら、周りの本好きな人に「私と真逆タイプの著者って誰かいる？」と聞いてみると、喜んで教えてくれると思います。

もちろん、すべてをそのまま真似すればいいというわけではなく、自分なりに選び、アレンジして使うこと。また今すぐ役に立たなくても、いろんな方法を知っているだけでもいい。そうしたアイディアのストックは、いつでも取り出して使えるようにしておくだけで、人生のいろんな局面で役に立つはずです。

ルーティーンを見直すのが生活技術のアップデートなら、他人の生き方に学ぶのは頭や心のアップデートと言えるかもしれません。

新しいヒントやアイディアに出会ったらスルーせず、実生活でどこに取り入れられるか、検討を欠かさないこと。これを地道に続けることで、自分だけに最適化した、オリジナルな生活を手に入れることができます。

世界をカスタマイズしていく

隠居生活の最初の二年で、私はこんなふうにいろんなものを手放し、自分の世界を小さくしてきました。

二年間も社会の当たり前から離れていると、もう外部の情報に惑わされないので、自分だけのハッピーのサイズ感がおのずとわかってきます。

私の場合、「週二日働けば必要最低限の生活費が稼げる」とわかってからは、基本的にそれ以上働くことはありませんでした。

基本的に、ということは、例外もあります。

私は隠居をはじめてから、週二日の介護の仕事以外に、年に数回、カフェやギャラリーでピアノを弾いたり、翻訳や楽曲制作のお手伝いをしていました。自発的に企画したものもありますし、友人に頼まれて引き受けたものもあります。お金をもらえることもあれば、もらえないこともあります。そういえば、ヒマにあかせて隠居生活のことを原稿に書いてみた時も、誰に頼まれたわけでもなく、出版の当てはひとつもありませんでした。

週二日働けば、必要最低限のお金が稼げることがわかっているのに、年に数回とはいえ、それ以上働く理由って、いったい何でしょうか。


私は、自分がこうした仕事をしているとき、「世間で当たり前だから」「お金のためには仕方がないから」などの消極的な理由でイヤイヤやっているのではなく、それ自体の楽しみのために積極的に働いています。自発的に好きなことをしている間って、ただそれだけで楽しい。まず働いている自覚がないし、お金のことも考えてないし、こんなに楽しいならお金がもらえなくてもいいや、と思います（くれるなら遠慮なくもらいますが）。

実際、楽曲制作は、はじめは友人のミュージシャンに頼まれて、おもしろそうだからと無償で手伝っていました。私としては、ただ楽しくやってただけなんですが、友人たちの人気が出てきて、気がついたら私も少しですがお金をもらえるようになっていたんです。

でも誰にも強制されずに好きなことをしているときって、お金以上に、その楽しさ自体がご褒美みたいなものです。


ふと思い当たったのですが、私がいま自発的にやっている仕事は、子どものころに周囲から怒られたり、迷惑がられたりしたことばかりです。

家では、のべつまくなしオルガンを弾いてうるさい！　と家族に怒られていたし、英語をしゃべりたいがために帰国子女の同級生や外国人のＡＥＴの先生に四六時中まとわりついてました。週休五日の隠居生活を始めたときも、「おまえのせいでＧＤＰが下がった」とか言われました。

台湾に移住後、生活費のためにしているトラベルライターの仕事も、もとはと言えば海外経験を買われて始めたものですが、いざ単身世界一周旅行を計画したときも親は超反対でした。

だけど、十年たったら、全部お金になってます。

世界を自分なりにカスタマイズしていく上で、もし私にアドバイスできることがあるとしたら、子どものころに何をしているときが一番ハッピーだったか、思い出してみるといいかもしれません。

何かに熱中しすぎて怒られたことが、誰でも一度はあるんじゃないでしょうか。もしあなたが、この本を読んで、世間の当たり前を見直し、お金のために働くことをやめ、お仕着せでない自分だけの人生を作っていきたいと思ったら、あの頃の自分に聞いてみてください。きっと何かを知っていると思います。

ここまで、自分の世界を小さくすることに邁進してきましたが、手放して初めて、要／不要がくっきりすることがあります。

世界を小さくし終わったと感じたら、次は自分の好きなところだけでいいので、たまには思い切ってカスタマイズしてみませんか。

お金や世間のためではなく、純粋にそれをすることの喜びのために。

自分の生き方を正しいと思わない

どんな生き方を選ぶにしても、「それが正しいかどうか」と問うのは、本質的でない気がしています。

何のために生きるのか考えたとき、私は少なくとも正しさのために生きてるわけではありません。

正しいと一口に言っても、それはいつどこで誰が語るかによって、内容が違いますよね。

あなたにとって正しいことと、全体にとって正しいことは必ずしも一致しませんし、日本で正しくても海外では犯罪になることだってあるかもしれない。また現在の私と、三十年後の私にとっても、きっと正しさの内容は違うでしょう。

そんな時と場合でコロコロ変わるものを追いかけていたら疲れるので、私は自分の生き方について、「正しいかどうか」とジャッジすることをやめてしまいました。かといって、「間違っていてもいい」ということでもありません。

正しい／間違っているという価値観は相対的なものですから、正しいことがわかるためには、間違っている何かと比べる必要があります。どちらか一方だけでは成立しない、表裏一体のものです。それなのに実際問題、世の中には、誰も間違っていない場面だってたくさんありますよね。そのとき、普段からあまりにも正しいことにとらわれすぎていると、不安になってしまいます。

「自分は正しい」と安心したいような気持ちは、誰からの援護もなかった隠居の私にとって、想像できなくもないんです。とくに心が弱っているときには、その正しさが魅力的に見えることがある。まるでそれが自分を補強してくれるかのように。

でも正しさが、間違っている何かと比べることが必要だとすると、自分が正しくあるために、いつも間違っている何かを探し続けることになります。

私についていえば、たとえば隠居生活のような、少なく稼いで小さく暮らす生き方に「正しさ」を求めようとすると、どうしてもその逆の、たくさん働いてたくさん消費するのが当たり前の経済至上主義を「間違っている」と敵視して対立しなければいけません。でも、じゃあフルタイムでバリバリ働いてる人が間違ってるかといえば、そんなわけないんです。

自分が正しいということは一見快適そうに見えますが、実は終わりのない苦しみのはじまりとしか思えません。

これでは精神的にとても不安定ですし、ハッピーな生活からは遠ざかるばかりです。私がほしいのは他人と比べてどうこうではなくて、自分が個人的に快適と感じる生活、です。

私は、なぜ、何のために、自分の生き方が正しくないといけないのか、考えれば考えるほどわからなくなってしまいます。自分が隠居しているということは、他でもない自分が知っていれば、それでじゅうぶん。それ以上、正しい必要はない気がします。隠居が他の誰かより優れているとか、劣っているとも思えない。そうすると隠居を人に勧めることも、押し付けることもありません。この精神状態だと、自分が非常にラクなんですね。

とくにゆっくり小さく生きることがブームのようになっている現在では、たまたま私のような生活をしている人にとっては、つい自分の生活が正しいものであるとか、何か意味のあることのように勘違いしてしまいそうになります。いま、流行がそういうふうになっているから仕方がありませんが、正しさや意味を押し付けてくる風潮に対して、一番ラクな対応は「全スルー」です。

自分の生き方に、正しい/間違いの判断を持ち込まないこと。そうした判断から解放されていると、社会や流行に振り回されることがなくなります。他人のライフスタイルを間違っていると責める必要もなく、毎日ハッピーです。

変わってしまっても大丈夫

さて、隠居開始から二年以上が経ち、自分だけの生活がある程度できあがってきました。できあがって初めの数年間は、何もかもが新鮮で、新しい発見もたくさんあって、その生活をしているということだけで楽しいものです。

それからさらに時間がたったとき、ある壁にぶつかるときが、必ず来ます。ひとことで言えば、「その生活をずっと続けていくことへの疑問」です。

生きていると、日々いろんなことが変わっていきます。置かれた状況も、自分自身の気持ちも。それはとても自然で、健康的なことだと思います。

ところが、ずっと続けてきたことを変えるというのは、かなり勇気とエネルギーの要ることです。

とくに数年間も同じ生活を貫き通してきた場合は自分に自信もついているし、そのうえ世間に公表していればなおさらのこと。何年もかけて「自分だけの生活」を作り上げてきたのに、いまやめたら自分が自分じゃないような気がする。でももう自分の気持ちがそこにはない。このまま続けていくべきなのか、やめるべきなのか――。

この壁にぶつかったときに、よーく思い出してほしいのが、「自分はそもそも何のために生きているのか」ということです。

また私のことを例に出してしまいますが、はたして私は、隠居するために生きてるんでしょうか?

答えはNOです。

よく言うことなのですが、私にとって「隠居」あるいは「年収九十万円」「週休五日」というのは、ただの結果であって、それらは人生の目的にはなり得ません。

私は、「世間の当たり前」や「自分を固定しようとするもの」から解放されて、いつも自由でハッピーでいたい、この根源的な欲求のために生きています。

東京に住んでいた六年間、私に与えられた環境で、それを実現するためには、「隠居」という手段が必要でした。だから結果的にそうなっただけです。

いまから三年後に隠居しているかどうかはわからないし、今後ハッピーに生きていくために、少しずつよりよい形に移行していくことが必要だと判断すれば、当然そうするでしょう。これだけ隠居しておいてナンですが、ライフスタイルや年収、どこに住むかということは、今までもこれからも、正直どうでもいい。

だから将来的にフルタイム、もしかしたらそれ以上に働くことも、あるかもしれないと思っています。たとえそのとき、社会で「週休五日が当たり前」になっていても（笑）、自分がハッピーならそれでいいんじゃないでしょうか。おもしろそうなことが目の前にあるのに、「週休五日」にこだわる意味がわかりません。

実際、その時々のハッピーに合わせて、私の隠居生活は少しずつ変わり続けています。はじめは必要以上に働くのがイヤで週休五日に落ち着きましたが、楽しそうな仕事だけなら時々やってもいいかな、と思い始めたり。

自分の生活をSNSで世間に公開するのは面倒くさくてイヤだな〜と思っていましたが、隠居生活五年目には、それを書いているのが楽しくなってきて、その結果として本が出たり。

相変わらず付き合いは悪いですが、出版に際して、四年半持っていなかったケータイを持つようにもなりました。

そしてこの原稿を書いている現在は、台湾で隠居しています。これも、ハッピーに生きるためには、ずっと東京に住んでなくてもいいな、と思うようになったからです。

変わっていくのは、悪いことではありません。

もちろん無理やり変える必要はないですが、このまま続けようか迷ってしまうときは、自分がどんなふうに生きていきたかったのか、思い出してみてください。

そこがブレていなければ、状況に合わせて内容を見直したり、形を調整していくことは、とてもポジティブな行為です。

同じことを続けていても自分がハッピーになっていないなら、思い切って変えてみるときかもしれません。

第三章

手にしたお金で、自分はどう生きたいのか？

そもそも、「お金について考える」とはどういうことでしょうか。

「お金」とひとくちに言っても、はじめは何をどう考えればいいのか、手がかりがなくてわからないいんですよね。二〇一〇年一二月に国分寺市に引っ越した時点では、私もお金について具体的にどうすればいいのか、サッパリわかっていませんでした。

引っ越した当初、私はこれからの生活のヒントになればと、節約本や年収アップ本（笑）、引き寄せ系などのお金の本も読んでみたのですが……。それはそれで楽しいけれども、読んだところで、自分の中にある「お金」というものは漠然としたまま。

いま振り返ると、これは当然だと思います。

お金の本を読破したところで、「そもそも自分がどう生きていきたいのか？」ということをわかっていなければ、役に立てようがないですから。本ではなく、まずは自分と向き合うべきだったんですね。

お金について考えるよりも先に、第二章で「自分にとっての落ち着いた生活」を徹底的に洗い出したのには、こういうわけがありました。

自分がどうありたいかを考えることが、「お金」という漠然とした問題に、手がかりや方向性を与えてくれます。自分にとって何がハッピーなのかがわかっていれば、それを実現するためにどんなお金（もしくは消費・労働・貯金・保険など）が必要なのかが見えてくるはず。

ですから、本章で書いたのは、私が隠居をスタートさせてから約二年をかけて、自分にとってのハッピーな生き方を明確にした、その後のことです。

お金を、それまでのように「ただ漠然と必要なもの」ではなく、「自分がハッピーに生きていくために必要なもの」と位置づけし直していく過程で、私が何を捨て、何を選び取ってきたか。

ここからは、「世間一般のお金」との付き合い方ではなく、あくまでも「自分がハッピーに生きていくために必要なお金」との付き合い方について、私が自分で考えて判断したことに焦点を絞って書いていきます。けれども、これは絶対的な正解でも、唯一の方法でもありません。

ただ、「自分がどう生きていきたいのか？」に合わせてお金を位置づけし直そうと思うなら、このプロセスは必ず経験することになります。そのひとつの例として、参考になることがあれば幸いです。

毎月の支出を把握する

快適な隠居生活のためには、経済的不安はできるだけ減らしておきたいものです。不安からお金のことを考えようとすると、どうしてもバイアスがかかって、実際に必要なぶん以上に見積もったりと、ニュートラルにお金と向き合うことができません。

人間は、見えないものや、よくわからないものに対して不安になるようにできています。ですから、その不安を最小化するために、まずは自分が生きていくのにいくらかかっているのかを把握することから始めます。

これは第二章「把握できるぶんだけにする」のお金版のようなものですが、毎月の支出も「自分が把握できるぶんだけ」と制限をかけるのです。

でも、一円単位で毎日家計簿をつけていたら大変なので、大ざっぱに、できるだけストレスなく、ラクして把握したい。これは生活をルーティーンで回すようにしておくことで、自ずと解決しました。

毎月の支出を変動させるから、家計簿をつけないと把握ができなくなるんです。だったら、毎月の支出をはじめから一定にしてしまえば、家計簿をつけなくても把握がとても簡単になる。この方法なら、月に一度、家賃を振り込む時などに通帳を確認するだけで、不自然な数値の減りがあればすぐに気づくことができます。

支出は少ない方がさらに把握がしやすいので、管理の面倒くささを考えると、よけいなお金のかかるものに入会・契約することにもストップがかかります。

このように、把握のハードルをぐっと下げておくと、把握し続けることがずいぶん容易になります。

私の場合ですが、毎月必ず出ていくものとして家賃・水道・電気・ガス・通信費・国民健康保険。合計でだいたい四万五千円程度でした。これくらいならそらで言えるし、頭の中だけで管理が行き届きます。

さらに食費や交通・娯楽などの生活費として、一度に引き出す金額も九千円、と決めていました。ルーティーンで生活していれば、引き出す回数も月に二、三回と一定になり、何か変化があればすぐに発覚、対応することが可能になります。あと、私は趣味の日帰り温泉や、外食するお店もだいたい定番の数種類を使いまわしていました。もちろんそのほうが支出が想定でき、一定になるからです。

毎月の支出がだいたい同じだと、「今月お金がないんだけど何に使ったかわからない」ということがなくなります。これは精神的にとても安定します。自分が生きていくのに毎月どれくらいのお金がかかっているのかを把握していない（＝予想もできない）状態がストレスになるのは、収入の大小に関係ないような気がします。

ちなみに一度に引き出す金額を九千円と決めていたのは、とくに深い意味はないのですが、なんとなくお札が多いほうが財布の中がにぎやかなので……（貧乏くさい理由ですみません）。

支出を一定にして管理しやすくするために、まずは生活のルーティーンを固めていくこと。これがズボラな私でもムリなく支出を把握できた理由だと思います。

最低生活費を確認する

支出を把握することができたら、次は余裕のあるときに「最低生活費（最低限どれだけのお金があれば生きていけるのか）」を確認しておくといいと思います。

これを一度でも確認しておくと、毎月の平均支出とは別に、生きていくのに必要なお金の分量が数字でハッキリとわかるため、いたずらに不安になるのをさらに抑えることができます。

頭の中で想定してみるだけでもいいですが、やはり実際に実験して確認するほうが効果は絶大です。

私の場合は、隠居してから、家賃をふくめたすべての生活費が毎月七万円に落ち着いていました。この中には月に一度の日帰り温泉や、カフェやレストランでの外食も含まれるので、これは最低生活費にはなりません。とはいえ、もともと無駄遣いが少なく、確かめなくても予想はできたのでついサボっていたのですが、二月など給料が少ないときはちょっと不安なこともあり、試しに確認してみました。

ポイントは、「欲しいもの」ではなく、「必要なもの」だけにお金を使うこと。ですから、

切り詰めるとすれば月に一度の日帰り温泉と外食を狙い撃ちです。

すると、国分寺市のアパートでは、最大限切り詰めると、六万円あれば人間の尊厳を失わない程度にギリギリ生きていける、ということがわかりました。

ざっと書き出してみると、

- 家賃二万八千円、共益費千五百円
- 食費一万円
- 固定費（水道光熱費、通信費）合わせて一万五千円以下
- その他雑費五千円

合計五万九千五百円

ただし、これは二万八千円のアパートという条件下での数字です。私はネットで激安ア

パートを検索するのが趣味なので、都内でももっと西の郊外（八王子とか）に引っ越せば家賃の最安値記録は更新できると考えていました。私は過去、日野にバス・トイレ付きで家賃一万七千円のワンルームアパートを見つけたことがあります。「下には下がある」「まだいける」と知ることで、余裕をもって隠居できたと思います。

ここで大事なのは、自分がいくらお金があれば最低限生きていけるかを確認することで、ギリギリ生活をずっと続けることが目的ではありません。

ですから、一度確認したら、私は再び、月に一度の日帰り温泉や、外食などの楽しみを復活させました。

最低生活費から、どれくらいの時間働くかを逆算する

六万円で最低限生きていけるとわかったら、それを稼ぐのにどれくらい働けばいいか、現在の時給から逆算できます。私の場合は、介護の仕事を週二日入れればだいたい月に六万円は達成できました。これが週一だと少なすぎるし、週三だと余暇活動に使う時間が減ってしまう。

最低生活費から労働量を逆算することのメリットは、経済的な不安が減ることは言うに及ばず、「それ以上に働くかどうかを自分で決める自由がある」ということです。これが最大の恩恵かもしれません。

月六万円まで稼いだら、それ以上の仕事は、やりたくない内容なら一瞬で断れますし、逆に「ひまつぶしにやってみようかな～」という余裕もある。おもしろそうな仕事だけを選ぶことだって、全部自分の自由です。

私も介護の仕事は、断りたかったらいつでも断れると思うだけで、かなり精神的に余裕ができました。腰を痛めて休んでしまっても、その月六万円達成していれば、慌てることもない。

収入から生活水準を決めていると、収入が変化するたびに生活水準を上下しなければいけません。それよりも、最低限の生活費から収入（働く量）を逆算するほうが合理的だと私は判断します。自分が思っていたよりもお金がかからないと知ることは、経済的な不安を激減させてくれます。

それ以上のことは、気分次第。働くもよし、働かないもよし。この自由は、イヤイヤ働くことで得るお金以上の価値があると思っています。

税金や年金を最優先にしない

必要以上に働かない生活を選ぶ場合、おそらく一番の心配事は税金・年金の支払いだと思います。

私は隠居生活に突入してから年収が百万円を切ったので、所得税・住民税が免除されていました。

国民健康保険料は発生しますが、それでも年間一万二千円。

年金については、低所得の場合は免除の申請ができます。基準は非公開らしいのですが、年金事務所の審査があって、それに通れば全額から四分の一までの免除が受けられることになっています。私は全額免除になりました。

どうしてわざわざ免除の申請をしたかというと、払うつもりがあるからです。免除の申請をしておかないと、年金は通常、二年で納付期限が過ぎて払えなくなってしまいますが、免除の申請をしておけば、後納することができます（二〇一八年六月現在）。

収入の不安定な個人事業主に多いらしいのですが、「ある時払い」というやつですね。

年金や税金の話になったときに思い出すのは、ここでもやはり「自分が何のために生きているのか」ということです。私は税金を払うために生きているわけでもないし、払わないことに命を賭けているわけでもありません。毎日を楽しく悔いなく過ごすことがいちばん大切です。その結果、払えればそれでいいし、払えない時期があったっていいんです。

もちろん毎月キッチリ税金を払えるのが理想だとは思いますが、私は総合点で見ることにしているのであまり焦ることもないし、そもそも人生の目的がそこにはありません。

ちなみに、この本では二〇一六年九月までのことを書いていますが、ここでは現在のことに少し触れておきます。二〇一七年は、本などの収入が加わったので、数年ぶりに所得税や住民税、年金を払うことができました。

週二日の介護以上に働いたぶんの収入は、「やるもやらないも私の自由」で選んだ余暇活動が運よく、ささやかなお金になったものです。

家賃の高い都心に住んでイヤイヤ働いて払っていた税金には、まるで自分だけが割を食ってる不公平な思いしかなかったのに、隠居してから自発的に働いて得たお金で払う税金は、同じ税金でも、なんというか、とても豊かな気持ちがします。

払う・払わないということに、基本的な幸せが左右されない税金との付き合い方があるというのは、予想外の発見でした。

この先どうなるかはわかりません。でもこれからも、税金や年金を払うことが、人生の最優先事項にならないのは確かです。もしかしたら来年は私の興味が、お金の発生しないほうに移っていくかもしれないし、余暇活動をしても思ったよりお金にならないかもしれない。それでももしかしたら、私が死ぬとき、払った税金の総額が、人より多い可能性だって十分あると思うと、それも悪くないような気がします。

お金を使わなくても、自分でできることを増やす

毎日の生活のなかで、お金を払って外注していることがたくさんあります。

時間がなくてお金に余裕がある人はそれでいいと思いますが、私は逆に経済的な余裕はないが時間があり余ってるので、極力自分でやることにしていました。

私の生活を振り返ってみると、自炊はもちろん、他にも普段からいろいろと自分でやっていることがあります。

・パンクの修理

簡単なパンク修理くらいなら自分でやっていました。ホームセンターなどに行くと、自転車のパンク修理キットが売ってます。

タイヤのなかのチューブを引き出して、バケツの水につっこみ、どこに穴が開いているか確認して、シールでふさぐ作業がおもしろく、けっこう楽しめました。タイヤ自体が劣化して交換が必要になると、さすがに自転車屋さんに持って行きます。

・散髪

都心に住んでいたころは、近所の美容室のカットモデルをしていました。美容室ではよく、カットやカラーリングのモデルになってくれる人を探しています。たいてい閉店後に行って、新人さんの練習台になるんですが、カットは無料もしくは激安で、追加料金は材料費のみ、という感じでした。

これでも十分なのですが、私は特殊な技巧・形状の髪型にあまり興味がないし、他人と話すのが苦手だし、いつでもどこでもやってくれるわけではないので、やがてバリカンで刈って自分で済ませるようになりました。

自分でやると、最初は失敗もするんですが、だんだん自分の頭の形に合った髪型や長さ、髪の生え具合がわかってきます。

私が持っているバリカンは四段階の長さ調整ができるので、サイドとえりあしは一センチ、他は四センチ。私はサイドの髪が伸びるのが早いので、短めに刈っておくとちょうどいい。トップは伸びてもあまりシルエットに変化がないので適当に長めでもOK。ついでに三ミリのアタッチメントで、ひげも短く剃っておきます。これでカミソリとシェービングフォームも買う必要がなくなりました。

髪型が決まっていると毎回考えなくてもよく、それに合わせて服装を変える必要もないし、いつでも家でできるので非常にラクです。

・**洗濯**

クリーニング代ってけっこうバカにならないですよね。

私はTシャツやジーンズなどの日常着はも

ちろん、冬服も手洗いOKのものを確認してから買い、家で洗えないものは極力避けるようにしていました。

毎年水が気持ちいい夏に、バスルームでショートダッフルのコートやマフラーなどを洗います。

浴槽に石鹸を溶かした水を張り、つけ置きしたあとに押し洗い。一度水を張り替えて、もう一度押し洗いしてすすぎます。水を抜いたら、足で踏んで脱水、形をととのえてバスタオルに包み、平たい場所に陰干し。こんな簡単なことで、クリーニング代も払わずに済みます。

お金に頼らなくても自分でできることが増えると、お金がないことに対する不安や恐怖感がまたひとつ和らぎます。自分でやったぶんだけ、目に見えてお金が余っていく。すると逆に、何がなんでも自分でやらなくてもいいや、と余裕が生まれ、お金を使うも使わないも自分の自由、という状態に。

ふだんから節約しているので、雨の日でも無理して自転車で通勤しなくていいと思えるし、お金の心配もすることなく電車に乗れる。たまに乗ると、座ってるだけで勝手に目的地まで運んでくれることのありがたさも身に沁みるってもんです。

これらのことは、経済的な制約からしかたなく始めたものではあります。でも、結果的に金銭的にも精神的にも自由になったのは、思わぬ収穫でした。

貯金について

日常生活のなかで自分でできることを増やし、お金への依存度が減ったんだから、貯金はなくてもいい、とは思いません。不測の事態に備えて、多少の貯えはあったほうがいいに決まっています。私も少ないながらも貯金があったことで、屈託なく隠居生活を楽しむことができました。

経済的な不安を軽減する方法が複数あるなら、どれかじゃなくて、自分にできるものは全部選べばいいいと思います。

でも、貯金っていくらあればいいでしょうか。

これは先に確認しておいた最低生活費を目安にすると便利です。私の場合はひと月六万円あればＯＫ。

何か月ぶん貯金しておくかについては、不測の事態の内容によります。これは予測できないから不測の事態なので、すべてに対応するのはムリです。なのでとりあえず、このご時世、現実に起こり得ることを何かひとつだけ想定しておくといいです。たとえば突然アルバイト先の店がつぶれて、収入が途絶えたとか。

過去の経験から、新しいアルバイトを探して、面接に行き、採用され、働き始めるまで私は最短一週間、平均では三、四週間くらいです。なのでうまくいけば二か月目には働き始め、三か月目に初めての給料がもらえる。ただし、初めの一か月は研修だったりして時給も安いし、本格的に働けるのはその次の月からという場合が多い。すると解雇されてから四か月目にはきちんと収入が立て直せそう。では最低生活費の四か月ぶん、でもギリギリでは怖いので半年分くらいの貯金があるといいかも。とすると六万円×六か月で三六万円。

こんな感じでけっこう適当に決めたのですが、六年間の東京での隠居生活のあいだはおかげさまで、半年ぶんの貯金で困ったことはありませんでした。

自分に必要な金額がハッキリしていると、いたずらに不安にならずに済みます。そして最低生活費が低ければ低いほど貯めるのが簡単になるので、普段からお金がかからないに越したことはありません。

いずれにしても、欲を言えばキリがないので、私が貯めるべき貯金のラインはここまでと決めたら、あとは仕方ないと割り切ることにしています。

では、どのように貯金をしたかというと、実は貯金をしようとがんばったことがありません。なのでコツを聞かれたら困ってしまうのですが、貯金は結果的に貯める、というのがストレスもなくて、ラクな方法だと思います。

私の場合、貯金のために何か特別なことをするというよりは、ひたすら自分の快適な生活を固めていったら、余剰金が貯金になってちまちま増えた、というのが実情でした。

介護のピンチヒッターとかで、臨時収入は不定期的に発生するんですが、ここまで書いてきたような生活が身についていると、もう臨時収入が入ったくらいで何かを変えることはしません。

なので私の貯金のコツがあるとしたら、貯金を目的にするよりも先に、自分にとってのよりよい生活を追求していくこと。すると、何かを犠牲にしたり、我慢することなく、生活の副産物として貯金が増えている。目標貯金より結果貯金、という感じでしょうか。

保険に入らない

私は東京で隠居していた六年間、民間の保険には入っていませんでした。

はじめこそ、やはりケガや病気のときなど、保険に入ってないと生きていけないんじゃないかと思っていましたが、はたして本当に生きていけないのか、いろいろ調べてみたんです。

仮に病気になり、治療費が百万円かかったとします。

まず日本には国民皆保険がありますし、私も加入していますから、かかった医療費の三割の負担で治療が受けられます。ですから自己負担額は三十万円。

三十万円といえば、私の貯金のほぼ全部です。払ったらその後の生活ができません。

そこで、高額療養費制度も使うことにします。

これは標準報酬月額という所得区分によって自己負担限度額が決まっていて、それを超えたぶんの治療費はあとから払い戻しをしてもらえる、という制度です。

東京時代の私の月収は七、八万円ですから「低所得者」で、年齢的には「70歳未満」の区分に入ります。この場合は、自己負担限度額は三万五千四百円。

これなら少ない隠居の貯えでも、民間の保険に入らずになんとかやっていけそうです。

ただし、認められるのは同一月（一日～末日）にかかった医療費ですから、入院や通院が月をまたぐと二か月ぶんの自己負担額を払う必要があります。

また、利用するには役所での手続きがありますし、払い戻しまでに審査で三か月程度待たなければなりません。その間、お金が足りなければまた別の貸付制度を借りる必要もあったりなど、正直かなり面倒くさいです。

緊急時にキャッシュレスで治療を受け、万全なサポートを受けるなら、民間の保険には遠く及びませんが、私はそんな贅沢をできるほどの収入がありません。しかし公的な保険だけでも、あると知っているだけで安心感が上がります。

だからといって、毎日飲み歩いて身体を壊しても保険を使いまくればいいとは思わないので、自助努力で維持できる健康は、自分で維持するのは基本的な話ですが。

生きていけないという不安が本当に当たっているのか、時には疑ってみることも必要です。

※数字や区分は二〇一八年六月現在のものです。「高額療養費制度」については、私がここ数年観察しているかぎりでも、区分が多様化し、低所得者の自己負担額は下がっています。ありがたいことです。

国や親に頼らない

低収入生活をしていると、納める税金が少なくなるし、どちらかというと使う局面のほうが多いですから、とかく自尊心を保つのが難しく、自分を卑下しがちになります。「自分なんて生きてる価値ないんじゃないか」という気持ちになることって、よくありますよね。

でも私は低収入でも自尊心を保ち、明るく生きていくことは大事なことだと思います。

私が東京で暮らした六年間で、それを可能にしたのは、国や親に頼らなかったということでした。

少ないながらも自分で稼いだお金でご飯を食べ、自分で稼いだお金で遊ぶ。

こんな単純なことですが、同じ七万円でひと月生活するのでも、人からもらった七万円ではなく、自分の手で稼いだ七万円だということが、確実に明るい低収入生活の支えになっていました。

経済的に自立して生きることで得られる自尊心は、お金では買えないありがたいものです。

私が子どものころに戻りたいと一瞬も思わない理由は、全部を自分で決める緊張感があるほうが好きだからです。親に食わせてもらってるうちは、働かなくてもいいかもしれないけど、その代わり親が認めるだけの自由しか与えられません。何を買うか、どこに住むか、誰と付き合うか、そういったことを親とはいえ他人に干渉されるのは窮屈だし、今のほうがよっぽど自由で楽しく生きています。

国や親に頼らないのが偉いとか当たり前とか、頭ごなしのことを言いたいわけではないし、絶対に頼ってはいけないということでもありません。

ただ、自立することで自分の生活を額面以上の価値あるものにできるなら、やらない手はないと思います。あの満足感やありがたみは、人からもらったお金で生きていたら味わえない。だから、あくまで自分のためにそうしてよかったなあ、という話です。

いますぐ完璧にやらなくてもいいんです。いま置かれた環境で、自分でできることは何か考えること。それをひとつずつ増やしていくこと。低収入でも自尊心を失わず明るく生きていくために、このことを覚えておいて損はないと思います。

自由や幸せをお金に依存しない

私は隠居生活をはじめてから、海外旅行などの贅沢な消費活動とはほとんど無縁の生活になってしまいました。

もともとバックパッカーで世界中を働きながら旅行していましたから、そのころと比べるとさぞ不自由な生活と思われるかもしれませんが、いざ隠居してみると、意外と不自由って感じないんですね。

これは負け惜しみで言ってるのではなくて、たしかに隠居している間は世界一周をするだけのお金はなかったけれど、経済的な自由から見放されてみると、自由ってそれだけじゃないんだということに気づかされます。

一般的には、使えるお金がたくさんあって、買いたいものが買えたり、行きたいところに行けたりすることを、自由と呼んでいるような気がしますし、私もそれはたしかに自由だなあと思います。

この自由の特徴はお金が必要で、お金のあるなしに左右されること。それから、お金があるうちはいいけれど、いざそれをするためのお金がなくなったら、一気に不自由になってしまうことです。


一方で、隠居生活をしていると、買いたいものがなんでも買えたり、行きたいところにどこでも行けるわけじゃない。むしろ経済的にはできないことの方が多く、とても不自由に見えます。なのに、実際はなぜか毎日ハッピー。

これはどういうことかというと、隠居生活のなかで、楽しみごとをお金に依存しない方法が身についたからだと思っています。


たとえば私は朝食のスコーンを自分で生地から作るのが好きなのですが、これだと一食十円くらいで済みますから、パンを買うよりも安いうえに、作っている間も楽しいんですね。ではパンを買ったらどうなるかというと、それはそれで美味しくいただけるんです。

海外旅行に行くほどのお金はなかったけど、行ったことのない場所なら家の近所にも意外とたくさんあって、見つけるたびに頭の中の地図を書き換えていくのも楽しかった。普段はこんなふうに半径五百メートル圏内で生活していますが、たまに温泉に行ったりすると、これまた楽しい。

要するにもうひとつの自由って、「幸せをお金に依存している状態から自由になること」なんですね。お金があってもなくても、どこで何をしていても、ハッピーを感じられるような心のありかたと言いますか。

ここではないどこかではなく、身の回りの身近なところから、楽しみごとを見出していくこと。それがやがて、お金があってもなくてもどちらでもハッピーな生活につながっていきます。

楽しみはどこからでも見つけ出せるから、たとえば海外旅行に行っても行かなくてもハッピー。この状態になると、海外旅行に行けてる自分をアピールする必要もないし、海外旅行に行けない自分をふがいなく思う必要もない。またひとつラクに生きていくことができます。

第四章

お金に対する見方・考え方の変化

前章では、お金を「自分がよりよく生きるために必要なもの」という見方でとらえ、改めて考え直しました。

ここまで来ると、目に映るお金の風景がずいぶん違うことに気がつきます。

上京したばかりのころは、お金や、それを内包する自分の生き方について、何の考えもなかった。お金というのはぼんやりとしていて実体がなさそうで、理由はよくわからないんだけどそれを稼ぐためにしんどくても毎日働かなければいけない、そういうものでした。

隠居してから二年以上がたつと、私が付き合っていくべきお金の範囲がハッキリと見えてきます。するとお金が「何だかわからないけどそのために働かなくてはいけないもの」ではなくなってきました。自分に必要のないお金とは付き合わなくてもいい、ということがわかったんですね。

お金はもう、私をいたずらに不安にさせたり、生活を脅かすものではありません。私が毎日を生きていくためのパートナーのような、対等な存在です。

ここまできて初めて、お金を大切にしつつも「私がどういうふうに生きていくかについては、お金にとやかく言わせない」という微妙なバランスがわかり、私の人生の舵は私がとる、というたしかな手ごたえ・感触が得られたように思います。

この章では、その後に起こった私自身のお金の使い方や、お金に対する考え方の変化を思い出し、書き綴ってみます。

ここで紹介するのは、現在も私がお金と付きあっていくうえでの規範のようになっているものです。これが正しいという話ではないので、お金に関するひとつの体験談として、気軽に読んでいただければと思います。

私はお金持ちになりたいのか

私が小学生のころ、なぜか周りにお金持ちの友人が多くいました。

彼らの家に遊びに行ったとき、ふつうに宅配ピザとか、ケーキを食べているので、私は思わず、「今日、誰かの誕生日?」と聞いてしまい、「なんで?」と不思議そうに聞き返されたことがあります。

なぜそんなことを聞いたのかというと、私の家では宅配ピザやケーキのような、ひとつ数千円もする食べ物は、誕生日などの特別な日にしか許されない贅沢品でしたから。

外食すらほとんどできない家の子どもには大変なカルチャーショックでした。こんな何でもない普通の日にピザやケーキを食べる世界があるのか！　お金持ちって、なんていいんだろう。

そんな些細なショックが積もり積もって、いつの間にか私のなかに、お金持ちに対するあこがれが芽生えていた、のですが……。

隠居生活が身についてからというもの、それもなくなってしまいました。

自分がどうありたいかを知っている今となっては、「お金について何も問題がない状態」ならそれでいいや、という感じです。「お金持ち」になるよりも、理想の生活ができることのほうが重要だと、もう実際にやってみてわかっているんですね。理想の生活のための手段は、必ずしも「お金持ちになること」ではなかったんです。

いま思えば、お金持ちに対する漠然とした憧れは、自分の生き方が定まっていない証拠でした。自分がどう生きていきたいかがわかれば、それに向かって心が動き始めるので、お金持ちに対して漫然と憧れることにエネルギーを使わなくなっていく。

それに、大人になってみると、お金持ちもけっこう大変だということを、本人から聞いたりします。

子どものころから、概算で一千万円以上は教育費をつぎ込まれ、行きたくもない私立の大学に行かせられ、途中で退学したら勘当されたとか。

ある日学校から帰ったら、親の会社がつぶれてて、自宅が売りに出されて入れなくなってたとか（笑）。

もしかして彼らにとっては、お金があることで起こるトラブルから解放されている私のような家庭が、逆に羨ましかったりするのかもしれません。

お金の失敗談

次は、私が過去に犯したお金に関する失敗について、現在の私が思う豊かさという観点から、その原因を振り返ってみたいと思います。

まだ実家に住んでいたころ、大島紬の着物を三十万円で買い、結局ほとんど着ないままタンスの肥やしになりました。人生最大の浪費です。なぜあんなことになってしまったんでしょうか。

当時は仕事以外ほぼ引きこもり状態で、家賃を払う必要もなかったので、派遣社員をしていた一年間で百万円の貯金ができました。でも、どうも不愉快なんですよね。普通なら二十歳で貯金が百万円もあれば安心しそうなものなのに、残高を見てもなんだか落ち着かない。

それである日、何かに取り憑かれたように近所のショッピングセンター内にある呉服屋へ行って、五分で三十万円の大島紬を一括で買ってやりました。

ところが初めは新鮮で楽しく着ていたものの、やっぱり袖を通すたびに、買ったときのそこはかとない気分の悪さを思い出すんです。それがイヤになって、だんだん着なくなってしまいました。

結局、着物を着るときは、派遣社員になる前に古着屋で買った一万五千円の紺色のウールのものだけ、という事態に。こちらを買ったときは、気分的にもとても落ち着いていて、使わなければいけないという強迫観念や、ネガティブな感情は微塵もなかった。だから着ていてラクなんですよね。上京する時も迷いなくウールの着物を持っていきました。それ以来、大島紬は実家に置きっぱなしです。

これじゃあ、何のために三十万円ぶんも働いたのか、サッパリわかりません。三十万円のお金と大島紬、そして作ってくれた人にも申し訳ない気持ちでいっぱいです。大枚はたいたのに、誰も幸せになってないというのがますます悔しい。

けれどもあの、いつも通奏低音のように自分のなかに流れているかすかな気分の悪さがいったいどこから来たのか、ずっとわからないままでした。私が突き動かされていた何かは、単に物欲として片づけられるものではないような気がしていたんです。

当時やっていた派遣社員の仕事は、工場で業務用のエアコンやリフトの部品を作る、という内容でした。

繁忙期になると、休日出勤も含めて一日一二時間以上、働きづめに働いて、仕事以外のことは何もできず、考える気力も奪われていました。選挙？　国際紛争？　そんなもん知るか、という感じです。

そんな折、朝礼で、別の工場で機械に挟まれて社員の方が亡くなった、という事故が報告されました。私はその時、次は自分の番だろうな、となぜかぼんやり思ったんです。

それ以来毎日毎日、エアコンの板金をプレスする機械に挟まれて自分が死んでいるところを妄想しながら、いつ帰れるのかもわからない時間のなかで仕事をしていました。

いま思うと、働きすぎて軽く鬱状態だったのかもしれません。

たぶん稼いだお金を見るたびに、無意識にそのときの気分がフラッシュバックしていたんじゃないかなあ、と思います。こんなお金もう見たくないし、早く使ってしまったほうがいい、と。


当時はそこまで言語化できなかったし、もしかしたらこれはただの後付けで、別の理由があるのかも、あるいは理由なんてまったくないのかもしれない。

でも稼いだときの気分が、ほんのわずかであっても、後々まで影響することがあるとわかったいま、あんなお金の稼ぎ方は金輪際、絶対にしてはいけないと反省しています。あの頃に戻れるなら、二十歳の私の顔面をパンチして目を覚まさせてやりたい。

お金を貯めて何かをしたい、という目的があるなら別ですが、本当には必要でないもののために、ただ「それが当たり前だから」と自分を切り売りし続けるようなことは、私のためにはならない。

隠居してからは、自分のキャパシティと、人生の優先順位をその都度しっかりと見極め、長い時間をかけてネガティブな感情でお金を生み出すことをひとつずつやめてきたので、もう稼いだときの気分にひきずられて自暴自棄になることはありません。

東京で隠居していたときも、人生で一番貯金があったあの頃に戻りたいとは一度たりとも思わなかった。

大切なのはお金の量ではなく、どんな気持ちでそれを受け取り、そして手放すのかなのだと、いま切実に思います。

ハッピーなお金の使い方

隠居をする以前、私はいかにお金を使わないか、ということばかり考えていました。恥ずかしい話ですが、個人的な損得にしか興味がなかったからです。

それが今は、「同じお金を使うなら、いかにひとりでも多くの人をハッピーにできるか」という判断で使えるようになりました。傍からは同じように見えるかもしれませんが、ただ漫然とお金を使っているのとは違います。

そして何より、豊かさの範囲をどんどん広げていくことで、お金を使うのが少しずつ怖くなく、ラクになってきたのは嬉しい変化でした。

以下、自分と自分のいるこの世界が少しでもハッピーになるようにという視点で、いまの私がどんなことに気をつけてお金を使っているかを書き出してみます。といっても何百万という話ではなく、誰でもできるような数百円からの日常的なことばかりです。

①きちんと対価を払う

私は普段から、買物をするならなるべく個人的に続いてほしいと思うお店にしか行かないようにしているのですが、そういうお店では、割引券やセール時の利用を控え、定価で買います。いいものにはきちんと対価を払うことで、それを作っている人に還元したいからです。

たとえば私がよく行くあるラーメン屋さんでは、八角で煮込んだ卵の無料サービス券が店頭にあって、誰でも使えるようになっているんですが、私は使いません。煮卵だって作るのはタダじゃないんですから、価値のあるものにはきちんとお金を払うべきです。

でもさすがに何度も行っているので店長さんに顔を覚えられて、無言でサービスしてくれることもあり、それは突き返すのもナンなのでありがたくいただきますが……。

豊かさが自分ひとりだけのものではなくなると、自分が得するだけでは気が済まないんですよね。お店にだって得させたい。私がよく行くお店のほとんどは、値段的にとてもがんばっているので、常連用の「割高券」か、チップのＢＯＸでも置いてくれるといいのになぁ、とひそかに思っています。

②なるべく店頭で買う

隠居してからは、通販で買うよりも、店頭で買うほうを好むようになりました。といってもそれより前から店頭で買ってはいたのですが、ただ習慣でそうしていただけです。

通販は店頭をすっとばしていきなり自宅に届いて便利ですが、現在は、同じお金を使うなら、店頭にもお金を落とさないともったいない、と思うようになりました。

とくに本はそうです。私自身、本が大好きで、書店でアルバイトをしていたこともあるので、書店員さんの手書きのＰＯＰを見たり、セレクトが独特な本棚を眺める楽しさは、通販では味わえない。

ただ、買物するときには相変わらずとてもシビアです。店頭で買えば何でもいいわけではなく、お店の人がその商品や文化を愛していて、知識も豊富で、質問にも丁寧に応えてくれて、「ここでお金を使いたい！」と思えるお店にしか行きません。商品を仲介してるだけなら、行く理由がないと思います。

③不当なものにお金を使わない

値段設定がおかしいと思うものにお金を払わないというのも、お金をよりハッピーに使う行為の一部だと思っています。

たとえば家賃。これは価値があると認める人が一定数いるからその値段がついているので、一概にいくらだったら不当とは言えないんですが、「このアパートならそのくらいの価値は当然あるよね」と思って払うのと、「高すぎない？　でもしようがないか」と思って払うのとでは、まったく意味が違います。本心では価値がないと思っている部屋にお金を使ったら、部屋もお金もかわいそうです。

どうせ使うなら、自分が自信を持って価値があると思うモノにこそ、お金を使ってあげたい。

④公共福祉サービスは「ありがたく」使わせてもらう

私は東京に住んでいたとき、図書館にたいへんお世話になっていました。そのときに気をつけていたのが、「申し訳ない」ではなく、「当たり前」でもなく、「ありがたい」というポジティブな気持ちで使わせてもらうことでした。

他にも、国民健康保険や年金制度など、公共の福祉サービスをもし利用する機会があったら絶対に忘れないようにしたい。

というのは、自分のお金だけがお金じゃない。他人のお金だって立派なお金です。誰のお金かということではなく、お金が使われる局面に自分が居合わせたなら、ネガティブな気持ちで使うのは絶対にやめる。それがお金と、お金を出してくれた人への最低限のマナーだと思っています。

⑤お金をお返しする

必要最低限以上のお金が来てくれたなら、余剰ぶんは速やかに世界にお返しすること。

なぜかというと、お金が使われていない状態は、お金にとっても、この社会にとっても非常にもったいないことだからです。使ってくれた人に直接でなくてもいいので、いつか巡り巡ってその人たちに還っていくように願って使う。もちろん、自分なりに「ひとりでも多くの人がハッピーになる」と思う方法で。

個人的には、他人へのおみやげやプレゼント、募金などの選択肢が増えたことが嬉しい。でも、ただ使えばいいってもんでもないので、いまはその時ではないと判断したら、一時的に休んでいてもらうのも、ポジティブな行為だと認識しています。

個人と社会の豊かさを両立させる

お金の不安がなくなっていくにつれて、豊かさに対する考え方も変わっていきます。

都心で働きまくって経済的に余裕がなかった頃は、豊かさというのは自分だけのことでした。何よりもまず自分が豊かになって金銭的に苦しい状態から抜け出したいと思っていたし、他人のことはどうでもよかった。

ところが隠居を始めてから、私の銀行口座には、少ないながらも当面必要なぶんだけのお金がいつもありますし、欲もないので自分のためだけに使おうとしても限界があります。

それで、自分がある程度豊かになったのなら、それ以上のことは、必要な誰かのためにも使えないか？　と常に考えて行動するようになりました。
といっても、もとが年収百万円ですから、大した金額ではないのですが……。

たとえば直接的なことで言うと、私はコンビニなどで募金箱を見ると、財布に小銭があれば必ず入れます。これは自分以外の誰かのためにお金を使うときに、一番身近で、簡単な方法です。ただ私は、募金しているところを他人に見られるのがどうも恥ずかしいので、流れ作業のようにささっとさりげなく入れるようにしています。だから駅前で子どもたちが持っている募金箱に入れるみたいなのは、募金はしたいけど目立ちたくないので、早歩きでスルー。

それから、お金がないときは、人にささやかなおみやげを持って行くのも、自分でスコーンを焼いてラッピングしたものを差し上げたりしていましたが、今では高くないものなら何かを買う余裕もあります。

あとはここ数年のマイブームなのですが、歳末が押し迫ると、その年お世話になった人たちに年末ジャンボ宝くじを配る、ということをしてました。遠くに住んでる人には、クリスマスカードに同封して送ることも。数年続けてみたら超楽しかったので、最近では宝くじをいつも持ち歩くことにしています。

これがちょっとしたお礼にすごく重宝するんです。他人に何かしてもらったとき、お返しに渡しやすいし、もらうほうも受け取りやすい。

現金だとこうはいきませんが、一枚三百円の宝くじならまあいいか、という感じで気楽にもらってくれる人が多いんです。それに結果が発表されるまでは、抽選のことを考えると、私も相手も日常にウキウキする瞬間が増えます。当たったら何に使おうかな、と考える楽しみは、誰にも経験がありますよね。

宝くじと一口に言ってもたくさんありますが、私の場合、お世話になった人にできるだけまんべんなく当選してほしいので、集中的に大きく当たる「ジャンボ」よりは、少しずつでも広く当たる「ジャンボミニ」を愛用しています。昨年末は、さらに当選者の数が多い「年末ジャンボプチ」というのが売っていて、それを配り歩きました。

連番とバラはお好みで、どちらでもいいと思いますが、私はなんとなくバラを買っています。連番は前後賞が出たら当選金が集中するので一攫千金的ですが、少しずつでもいいからたくさんの方に当たってほしいという私の希望と合わないからです。

また、ジャンボ系のくじは季節によって売っていない時もあるので、最近はスクラッチくじを買うことが多いです。スクラッチくじなら抽選日がないので寿命が長く、余ることがないし、人に渡したらその場で削れて結果が見れるのも楽しいですしね。

何度も宝くじ売り場に足を運ぶのが面倒なので、枚数は十枚単位でまとめて買っています。

Scratch
3 4 5
7 7 7
6 8 9
宝くじ

間接的なことでいうと、目先の損得よりも、いま私が使ったお金がどんなふうに社会に還元されていくのか、ということを考えて使うようになりました。

隠居する前までは、ただ自分が一円でも安く買い物ができればそれでいいと思っていたのですが、今はディスカウントストアで安売りセールのお米よりも、国産の自然栽培で育てた玄米を、生産者からなるべく近い形で買いたいと思うようになりました。これは、頑張っている農家に応援の気持ちを届けたいからです。どこでどんなふうに作らせたかわからないものを一円でも安く手に入れるよりも、生産者にきちんとフェアな対価を払って受け取ることのほうがいまは大事。そうした農家が続いてくれると、質の良い食材にアクセスできる選択肢がみんなにある状態になります。それはとりもなおさず、自分が良いものを手に入れることができるシステムにも貢献することです。

こんなふうに全体的に考える癖がつくと、目先の安さを追いかけなくてもよくなって、非常にラクです。

自分以外のためにもお金を使う余裕がいつもある、という快適さを知ることができたのは、隠居の果実という感じがします。

金額の多寡は問題ではなくて、同じお金を使うなら、私ひとりだけが幸せになるよりも、百人が幸せになる使い方のほうが、全体的に見ればお得じゃないですか。どうすればひとりでも多くの人が幸せになるか、という視点ができたことは、低所得生活をさらに豊かなものにしてくれたと思います。
少ないお金で、幸せを最大化することをいつも考えるようになると、自然と自分が今ここで使ったお金が、社会にどんなふうに影響していくのかを知りたくなります。傍からは自分のためだけに生きているように見えるかもしれませんが（実際、最初はそれでよかったのですが）、現実にはお金を使う度に、この世界に対する興味が日々ムクムクと湧いてくる。

偶然だとしても、自分がお金の不安から解放された出来事に遭遇したなら、その方法や経緯を独り占めしておくのはもったいない。自分が発見した豊かさはどんどんシェアして、これで解決することがあるなら利用してほしいと思うのが人情です。自分が豊かになったら、次は周りにも豊かになってほしい。これは欲の少ない私の、新しい欲と言えるかもしれません。

豊かさの内容も変わっていく

前述しましたが、二〇一七年は数年ぶりに前年の年収が百三万円を超えたので、所得税や年金を払うことができました。

前年は、前半に介護の仕事、後半は台湾に移住してトラベルライターの仕事をしていて、これだけだと年収は相変わらず百三万円を下回ります。が、本の印税があって年収が増えたので、そのぶん所得税が発生したんですね。

それで郵便局に行って納付したときに、全然惜しいとか思っていない自分にふと気がついて、ちょっと新鮮だったんです。惜しいどころか、いってらっしゃいと送り出すような、お金の旅立ちを祝福したいような、こういう世界があるのかという不思議な気持ちがしました。

なぜ新鮮だったのかというと、私は地元で派遣社員をしていたことがあるんですが、当時は今より所得も貯金もずいぶんあった。にも関わらず、あんなにつらい思いをして稼いだんだから、自分以外のためにビタ一文使うのが嫌で嫌でしようがなかったんです。

お金は変わっていないのに、私のなかで何が変わったんでしょうか。

そこで改めて、これまでのお金の稼ぎ方を思い返してみると、おおまかに分けて三パターンありました。

ひとつめは、やってもやらなくてもいいような、好きなことをしているとき。これは隠居の本（日々の生活がネタになっていることを考えると、朝起きてから夜寝るまで、隠居にまつわること全部が仕事と言えるのかもしれません）や、友人などに頼まれた仕事（翻訳、楽曲制作、ライター、ピアノ演奏など）が含まれます。

ふたつめは、生活に必要最低限のお金を稼ぐとき。東京に住んでいた時は介護、台湾に引っ越してからはトラベルライターの仕事のことです。

最後に、本当は必要でないもののために働くとき。都心の分不相応な家賃のために仕方なくやっていた細切れの休みないアルバイトや、忙しすぎる派遣の仕事がこれに当たります。


それぞれのパターンで何がいちばん違うかというと、働いてるときの気分が圧倒的に違うんですよね。

必要最低限以外の、私が好きでやってるだけの仕事は、お金になってもならなくても楽しい。そうすると、それをしているあいだじゅう、なんとなくハッピーで機嫌がいい。

必要最低限の仕事をしているときは、まあまあ大変なこともあるけど、自分で納得しているので、ポジティブでもネガティブでもない、中庸な状態。

そして必要ないもののためにイヤイヤ働いてる時間は、刻一刻と自分の核がすり減っていくような不安で、なぜ自分だけがこんなに働かなければいけないのかと不平等感にさいなまれ、余裕もなく、いつもネガティブな感情に支配されてました。

それぞれのパターンで稼いだお金を使ったときの気分に注目してみると、稼いだときのそれと対応している気がしてなりません。税金や年金を払ったときにそのことに気がついたのは、額が大きいのでわかりやすかったからだと思います。でもよく考えたら、普通にスーパーで買い物をするときも、やっぱり稼いだときの気分に対応しているんですよね。ムリして働いてた時期は自分が一円でも損しないようにギスギスしていたし、必要最低限の仕事で生きていけるようになってからは、少し余裕を持って買い物することができた。現在はどうかといえば、一円でも多くの人に還っていくように考える余裕があって、そうやってお金を使うのが楽しい。ですから、お金の量や用途は、最終的には関係ないような気もします。

それにしても、お金を稼いだときの気分が、払うとき、そして払った後まで影響するのなら、稼ぐときの気分をないがしろにしては大変なことになります。

私はあまり働かない生き方を選択していますが、そうかといって、たくさん働いて経済的に貢献することが、悪いこととは全然思わないし、そんなの他人の勝手です。ただ、せっかく貢献するのなら、拙い経験からではありますが、不安や焦りに突き動かされて稼いだお金でするよりも、なるべく楽しさや喜びなどのハッピーな気持ちからしたほうがムリなく長続きするし、他人のことも気にならなくて、何より自分がラクだとは思います。

昔の私にとって、豊かさとはお金の量でしかなく、しかも自分ひとりだけのことでした。だから、個人的な年収が多ければ多いほど、単純に豊かだと思っていた節があります。

でも、いま私が思う豊かさとは、誰もが生活への不安や、そうしなければいけないという強迫観念などのネガティブな感情ではなく、ひとりでも多くの人がハッピーになるようなポジティブな感情で、お金を稼いだり、使ったりできることです。

そういう世界に私は生きていたいと思います。まあでも、いきなり全部をポジティブに転換するのも無理なので、そういう世界に貢献するためには、まずは自分が、ネガティブな感情に突き動かされてこの世にお金を生み出すのを、一円ずつやめていくことをコツコツ続けたい。

あくせく働いて、いまより稼ぎがあったときは、他人なんて手伝ったら自分が損、くらいに考えていたのに、隠居して余裕ができてからは街中で障がい者やお年寄りにちょっと手を貸したり、スコーンやキムチを毎回余分に作って友人や近所におすそわけしたり、そんなことが自然にできるようになりました。そうすることで私の心のなかに生まれた余裕は、お金という形ではないかもしれないけれど、何らかの形で世の中に還っていくと信じています。

社会という銀行に貯金する

「個人と社会の豊かさ」を考えるようになって、「豊かさ」が自分だけの問題ではなくなってくると、貯金に対しても、それまでと異なるイメージを抱くようになりました。

私の場合ですが、必要以上にお金を貯金しておくのがもったいないと思うようになったんです。

ふつうは使うのがもったいないと思うものですし、私も都心に住んでいたころは、自分の生活だけでも精一杯なのに、他人のためにお金を使うなんてありえないと思っていたので、完全に逆の発想です。

でも私はもう今の時点で自分に必要な金額を知っているし、少ないお金でも生きていけるように自分自身を訓練してきました。半年以上やっていけるだけの生活費が銀行口座にもあります。もしこれ以上のお金があったら、ただ自分の豊かさのためだけに銀行口座にずっと閉じ込めておくのって、もったいない。使わないでとっておくより、もっと自分と世間のために役立てるいい方法があると思うし、そのほうが全体的には豊かで、お得だと今の私は判断します。

厳密には、銀行に預けたお金は、事業の融資などに使われているわけなので、まったく無駄にはなっていないと思うのですが、その銀行がクラスター爆弾を作っている会社に投資している可能性だってあるわけです。私の大切な貯金をそんな不本意なことに使われるくらいなら、余剰金の融資先は自分で決めたい。

といっても非現実的な規模の話ではなく、たとえば外食をするときは、同じお金を使うなら、自分も含めてより多くの人が幸せになる使い方は何か。いまの私であれば、チェーン店や激安の食べ放題よりも、食べることを大切にしていたり、何か社会に新しい価値を生み出しているような、個人的に応援したいと思うお店に行くようになります（チェーン店が嫌いなわけではないので、時と場合によりますが）。

こうしたお店でお金を使うとき、私は社会というひとつの大きな銀行に貯金する、というようなイメージで使います。すると、自分の大事なお金を預けるわけですから、そのお店が何を大切にしているのか、社会にどういう影響を与えているのか、さらにきちんと働いている人にも還元しているか、ということまで気になるようになります。今まさに使おうとしているお金の価値が、どうすれば自分と社会のために最大化できるのか、真剣に考えるようになるんですね。

でもまあ、お金を使うことを目的に生きているわけではないですし、正解があるわけでもないので、あくまでもイメージの話で、わかりにくいかもしれません。

ただ、お金を使うときに、社会に貯金しているようなイメージを描くと、「豊かさ」が自分という枠を超えて無限に広がっていく不思議な感じがするんです。自分だけのものではなくなっていくと、お金を必要以上に所有しなきゃいけないというストレスからも解放されて、自分がとてもラクになっていきます。

低所得の隠居がこんな話をしても、「もっとお金を持ってから言え」と叱られてしまいそうですが（笑）、将来もし自分がお金をたくさん持つことがあったらどうなるか、いまから楽しみにしておきたいと思います。

仮想通貨について

豊かさの意味が、自分だけのことではなくなり、金額だけのことでもなくなってくると、世の中の様々なことに対する反応が違ってきます。

たとえば、昨今何かと話題の仮想通貨について。

私は技術的なことはわからないので、それに関しては一切語れないんですが、豊かさの意味が変化すると仮想通貨に対する反応がどう変わっていくのか、については経験済みなので、いま現在思うことを書いておきたい。

もしも私が上京する前、実家に住んでいて一番貯金があった時期に仮想通貨が誕生していたら、出遅れて損をしたくないと焦って飛びついた可能性が大きいです。自分ひとりだけが得をすればそれでいいじゃん、と思ってましたので。でも今はそんな理由で動くことはありません。

なぜかというと、基本的に仮想通貨もお金の一種である以上、この本でさんざん書いてきたお金の話と同様で、「自分がどうありたいのか」と向き合わないうちに仮想通貨のことを考えるのは、順番が違うと思うからです。

現時点では、投機対象のようなイメージが強いですが、本来は読んで字のごとく、ただの通貨です。なので投機の対象というよりも、まずはお金と同じ等価交換のツールとして認識しています。

それを踏まえたうえで、私が仮想通貨を持つとしたら、三つの可能性があります。

ひとつは、電子マネーのように、予備の財布のような感じで使う場合。

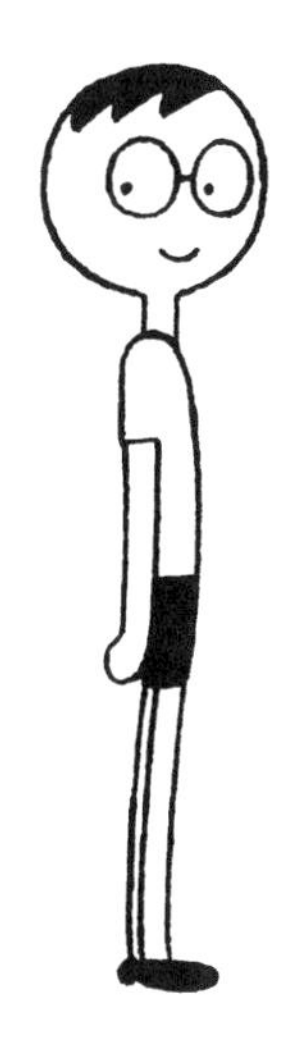

仮想通貨を持っていると、日本にいても海外にいても、その国の通貨に換金する手間や手数料がかからないので、ラクなんですよね。

もうひとつは、銀行口座の代わりとして使うこと。

一般的にいって、外国人が銀行口座を開設するのは、本国人よりも難しいです。私も台湾に移住してすぐ口座を作ろうとある銀行に行ったら、雇用主がいないという理由で開設を拒否されました。ですから、仮想通貨の形である程度持っておけば、最悪、銀行口座が作れなくても海外生活はできると考えています。

こうしたことは、東京に住んでいたときには考えてもみませんでした。東京での隠居生活に、仮想通貨が入る余地はなかったからです。なので、台湾に外国人として住んでいるという現実に直面して、はじめて私にとっての利用価値が発生したことになります。

ただしこの二つの方法は、仮想通貨で支払いができることが条件です。台湾では二〇一八年二月現在、なんとファミリーマートでビットコインが百元から買えるんですが、仮想通貨で支払いができるお店がほとんどなく、あまり現実的ではないなあという感じです。ですから今のところ、仮想通貨は持っていません。将来持ったとしても、紙幣のほうが私は好きなので、あくまでサブとして使うに留まるでしょう。

仮想通貨を持つ三つめの可能性としては、みんなの利益のために持つ場合です。

「どう生きていたいか」を知っている今となっては、仮想通貨で稼いで高級鮨屋に行くとか、億を超える総資産を持つとか、そういう個人的な利益にはあまり興味が持てません。ただ、仮想通貨がもっと普及して、紙幣に代わる安定したツールになり、一部の限られた人だけでなく、全世界のみんなが少しずつ得をするなら（各種支払いが簡単になったり、海外に移住しやすくなったりなど）、それを応援するような気持ちで、少しくらい持ってもいいかな、という程度です。

仮想通貨に限らずですが、お金に代わる新しい価値は、私が生きてきた三二年の間だけでも、世の中に何度も生まれてきて、その形は違っても人間の反応は毎回うんざりするほど同じだなあと私は眺めています。価値を吊り上げたり落としたり、騙したり盗んだりするのはいつも必ず人間のほうで、お金はそんなことは絶対にしません。ただ、それも流通するまでの過程としては、人類の経験値としてやむを得ないのかもしれない、と思うことはあります。

というわけで、世の中に新しい価値が出てきたときの対処法は、やっぱり「自分がどうありたいか」を明確にしておくこと。とりあえずは、これだけでじゅうぶんじゃないかなぁ。

隠居の財布の中身

お金に対してこのような考えを持っていると、財布事情はどんな感じになるのでしょうか。隠居の財布の中身を公開します。

いま私が使っているのは、京都の河原町通りにある丸善の地下で買った、フツーの黒い革の二つ折り財布です。六千円ぐらいで買いました。

もしお金に余裕があったら、エッティンガーの二つ折り財布なんかもいいなと思っています。買うかどうかはわからないけど、買えるという選択肢があったら、間違いなくうれしい。私は基本的にブランドにはあまり興味ないんですが、もし選ぶなら、シンプルで質が良くて、長く使っても飽きがこなくて、地味で主張は少ないなかにも信念があって、歴史と職人の技術に裏打ちされた信頼のあるブランドにお金を使いたいと思っています。

お金持ちは長財布を持つ、という話もありますが、バリバリお金持ちの金融マンでも長財布じゃない人を見たことがありますし、絶対条件ではないと思います。私は財布が長いかどうかよりも、それが自分のライフスタイルに合っているかどうかのほうが重要だと思っているので、二つ折りがちょうどいいんです。

長財布って、スーツやジャケットの内ポケットにしまうことを前提に作られているんじゃないでしょうか。だから、若者よりビジネスマンが多い→必然的に年収が多いと長財布、みたいな構図になってるような気もしますが。私みたいに、Tシャツに短パン、カジュアル一択という生活を送っている人間には、似合う似合わない以前に、デカいから使いにくいんです。どんなポケットにもカバンにも、スッと入るサイズじゃないと。

さて、私の財布を開いてみると、まず六つのカードポケットがあります。

国民健康保険証、運転免許証、Suica、キャッシュカード、クレジットカードの五枚を、ひとつのカードポケットに必ず一枚ずつ。こうしておくと、開いたときに全部のカードが目に入るので、把握がしやすくてよいのです。すると、ひとつカードポケットが余ることになりますが、これはまあ、予備ということで空けておきます。人からクオカードをいただいたときなどに使ったりします。

補足説明をしますと、キャッシュカードは一枚だけですが、現在は台湾に住んでいるので、各国一枚ずつ。

隠居する前までは、口座をいくつか持っていたのですが、どこにいくら入ってて何に使ってるのか把握しきれないのと、口座の数だけ覚えなきゃいけない番号や、ATMの場所や、銀行の営業時間なんかが増えて、年齢とともに覚えられなくなってきたので、ゆうちょ銀行ひとつに統一してしまいました。日本のキャッシュカードは、台湾にいるときは使わないので、パスポートと一緒にまとめてしまっておきます。

そして何を隠そう、クレジットカードです。クレジット（＝返済能力があるという信用）なんて日本一なさそうな隠居の私が。これは、以前海外を放浪していたときに、クレジットカードを作っていかなくて、かなり面倒くさかったことがあり、帰国してから年収を詐称して作ったんです。まあぜったい審査通らないだろうけど、ダメもとでやってみよう、といくつかに問い合わせたら、「ぜひウチとお取引を！」と熱烈に勧誘されて、本当の年収をぶちまけたくなりました。

それで作ってみたら、東京に住んでた時はほとんど使わなかったけど、現在は台湾に住んでるということもあり、格安航空券の決済などに重宝しています。でも基本的にほぼ使わないので、明細が真っ白で確認がラクです。異常があればすぐ気づけます。

それから、ポイントカードの類は持ちません。例外は買物単価の高いヨドバシカメラのポイントカードだけですが、今はスマホにアプリを入れていますので、カードはありません。

べつにスマートな理由からではなく、これも年齢的な理由です。若いころはいくつか持っていたんですが、もういろいろ対応できなくなってきましたので。

今はもう、ポイントのことを考えてる頭の中がもったいないし、次に来たときにいくらお得になるかより、買い物が苦手だから必要なものだけ買ったら早く帰ってひとりになりたい。

しかも買い物するたびに出し入れしなきゃいけないなんて、ただでさえ最近コンビニの店員さんのスピード感についていけなくて小銭を取り出すのにももたつく私に、正しいポイントカードを的確なタイミングで同時進行で出すなんて人間業じゃないです。あと、たまに店員さんが早口すぎて何を言ってるのか聞き取れないのは、私だけでしょうか……。

5000
5000
1000
1000
1000
1000
日本銀行券
千円
500
100
50
10
五円
1
国民健康保険証
運転免許証
Suica
キャッシュカード
クレジットカード

財布には、お札をいれるポケットが二か所あって、奥にお札、手前にはレシート類。これは帰宅してから毎日必ず整理します。

お札も、買い物してると向きが狂うことがあるので、このとき同時に揃えておきます。

小銭入れには、当たり前ですが小銭しか入ってません。おみくじとかお守りとか、外国の通貨とか、よけいなものは一切入れません。

東京に住んでいた時は、帰宅したら財布を置く場所も決まってました。本棚の上の、木箱のなか。これも、ただ私がいちいち探すのが面倒くさいという理由からです。カバンを替えたりすると、財布を忘れることがあるんですよね。今はカバンをひとつしか持っていないので、入れっぱなしです。

財布を買い替えるペースは、三年に一度くらいでしょうか。ずっと使っていると、なんとなく財布が疲れてくるので、てきとうに買い換えます。

第五章

お金と話す、お金と遊ぶ

ここまで、自分がどうありたいのかを洗い出し、それに必要な分量のお金を見極め、その結果として自分自身にどういう変化があったのか、を振り返ってきました。そして私は漠然としたお金の不安から解放されることができたので、これを一応のゴールとしてもいいような気もします。

でも、お金との付き合いは、生きている限り一生続いていくことです。どうせ一生関わってかなくてはいけないなら、できるだけ楽しく続けていきたいですよね。

というわけでこの章ではさらに、「お金の不安がなくなったそのとき、どのようにして楽しく、よりよく、お金との関係を続けていくか（私の場合）」を書いていきます。

お金とよりよい関係を楽しく続けていくために、私が選んだ方法は「お金を人だと思って遊ぶ」ことでした。

「こういう稼ぎ方・使い方について、お金がどういうふうに思うだろう？」という視点で、自分のお金に関する思考・言動をつねに吟味してみるんです。

ただの思いつきで始めた戯れのようなアイディアでしたが、あまり真面目に考えてばかりいるとイヤになってしまうし、お金と楽しく付き合っていくうえでは、これが存外、効果的でした。

世間一般のお金の捉え方とはかなりかけ離れているかもしれませんが、自分自身の視点でお金を見つめることは、今まで知らなかったお金の持つ可能性を広げていくような楽しさがありました。それまで、ただ稼いで使うだけのものだったお金に、自分だけの独創性をぶつけることで、お金が新たな面を獲得し、人間のように立体的になっていきます。

お金の意味や使い方も、与えられるのではなく、自分次第でつくり出していくことはできる。

もちろん、この考え方が正しいという話ではないですし、百人いたら百通りのお金の見方があります。ここでは、お金とのつきあいを、楽しくストレスなく続けていくことが大切ですから、私が見つけた方法以外でも、自分が楽しいと思えるものなら何でもいいと思います。

では次からさっそく、「お金を人格化して遊ぶ」の具体例を列挙していきます。

七五億分の一の確率で出会ったお金

昔から素朴な疑問なのですが、全世界のお金の総量ってどれくらいなんでしょうか。

私は経済について門外漢なので、よくわからないのですが、ネットで「お金　総量」と検索すると、一説には一七京六千兆円、と出てきます。

仮に私の年収がこの先ずっと百万円だとしたら、単純に八十年働いてもたったの八千万円。世の中に出回っているほとんどのお金とは、一生出会わないという計算になります。

お金の立場になってみると、これまたほとんどの人間とは一生、交わることもありません。全世界に人口が七五億人近くいるわけですから、私がお金だったら、誰のもとに行くのか、きっと他のお金に評判を聞いたりして、自分なりに真剣に検討するだろうし、それはそれは気の遠くなる作業です。

そんな大変な思いをして、私を選んで来てくれたんです。だったら、今ここにいない一億円のことを考えているヒマなんてありません。手元にいる数十万円を大切にしたい。私のもとに来てくれたお金だけでも、なるべく多くの人が喜ぶような使い方をしてあげたい、そしてその時が訪れるまでは、私の財布のなかで快適に過ごしてほしい、と思うようになりました。

人格化すると、愛着が芽生える

お金を人格化するなんて無理があると思われるかもしれませんが、「命のないモノを人格化する」というだけなら、日本ではとくに珍しくないような気がします。

たとえば雨の日に、お母さんが子どもに向かって、「三輪車さんが風邪引いちゃうから、家の中にしまってあげてね」とか言ってるのを、聞いたことがある人は多いですよね。三輪車は人間じゃないんだから、風邪なんか引きません。でもこんなふうにモノを人格化するのって、私も無意識にけっこうやってます。

私の場合、ひとり暮らしなのに出かけるときに「行ってきます」、帰ったときに「ただいま」と言うのは、住まわせてくれているアパートに言ってるようなものですし、いつも使っているノートパソコンがフリーズから復活したりすると「がんばったね！ ありがとう！」と激励の言葉をかけるのを忘れません。

私にとってはお金を人格化することも、コレの延長のようなもので、隠居してからは、わりと自然にやるようになりました。

そしてモノを人格化することの良いところは、モノに対する感謝や愛着がわくことです。

お金も例外ではなく、人格化することで一番最初に現れる変化は、やはり「お金に対する感謝や愛着が芽生える」ということでした。

お金を大切に扱うようになっていく

感謝や愛着がわくと、だんだん、お金を大切に扱うようになっていきます。私がお金を大切にしていることを表現するために、日常的にしていることを以下に挙げてみます。

①感謝する

お金に感謝するのは序の口です。

支払う時は「使わせてくれてありがとう。旅先でも楽しんできてね」、受け取るときは「私のところに来てくれてありがとう」という気持ちを込めます。

ただ、口に出してそのまま言うと店員さんに不審者扱いされますので、端折って「ありがとう」だけ言います。残りは、家に帰ってから言えばＯＫ。ちなみに受け取ったお金に関しては家に帰って財布の中を整理するときにあらためて全文を言いますが、支払ったお金には支払ったときにしか言えないので、残りは心の中で言う感じです。

私はこれを、日本だとすごくやりやすくていいなあと思っています。

海外（とくに西洋）だと、お店の風景がちょっと違うんですよね。文化の違いだと思うんですが、話すときに目を見ないと「何か隠していることがあるのかな」という変な印象を与えてしまいます。当然、お金のやりとりをするときも、お金じゃなくて店員さんの目を直視しながら「Thanks!」。だからお金のほうをあんまり見られないんです。

でも日本だと、目を合わせなくても変に思われないので、お金のほうを見ながら「ありがとう」と言えます。変な人どころか、「丁寧な客だな」と思ってもらえます。お金に感謝しやすい国に生まれてよかったと思う。

②整える

受け取ったお札が折れていたり、くしゃくしゃになっていたら、きちんとのばしてから財布に入れます。身だしなみを整えてもらって、気分が悪い人はいないですから。

そして、お札の向きは揃えて入れます。これはお金の気持ちになってみると、上下がそろっていない状態と言うのは、自分の目の前に人の足があるようなもので、やはり揃っているほうが気分はいいのかな、と考えています。

バラバラにして渡すと、あとから店員さんがそろえなきゃいけない、ということもあります。私は隠居で、時間はありあまってるんですから、忙しい店員さんに代わってそれぐらいはやったほうがいいかと。

それから、お札を入れるときの向きは、頭が上なのか下なのかという疑問があります。

これも諸説あって、「上向きに入れると、お金が出て行ってしまうから」という理由で下向きにそろえる人と、「頭が上のほうが正位置だから」「出さなければ、入るものも入ってこない」という理由で上向きに入れる人がいるようです。

これはどちらでもいいと思いますが、私は個人的に、上向きに入れても残るお金は残ると思っていますから、「いつでも好きな時に出かけていいよ」という気持ちの表れとして、上向きにそろえて入れています。

どちらかというと、お札の向きよりも、「私はお金のことをいつも気にかけているよ」

という気持ちが、お金に伝わることをより大切にしています。

③謝る

この本に書いたことを、いつも完璧にできているかというと、そういうわけでもありません。どんなにお金が喜んでもらえるように気をつけていても、できないときや、うっかり失敗することもあります。

たとえば、外食するとき。私は現在、台湾に暮らしていて（とくにアジア圏にいるときはそうなのですが）、その国じゃない海外資本の会社にお金を落とさないように気をつけています。その国にお邪魔させてもらってるんだったら、地元の人により多く届くような使い方をしたほうが、その国の人にも、その国のお金にも、喜んでもらえると思うからです。

しかし、知らない街に出かけて、どうしても疲れてしまい、どこで何を食べればいいのか考える力が残っていないようなとき。気がつくと、全世界チェーンのファストフード店にふらふらと吸い込まれていることもあります。

そんなときは、あまり卑屈になってもアレなので、いつもの「使わせてくれてありがとう」の気持ちとともに、「ごめん！」と心の中で謝ってお金を払い、おいしくいただきます。

④説教する

説教というと偉そうに聞こえますが、お金に覚えておいてほしいことがあると、話しかけたりします。

気づいたときによく話すトピックは、「自分が渡った先の人が、どんなふうにお金を扱う人なのか、よく見極めてから行ってほしい」ということです。

お金をたくさん持っているからって、いい人とは限りません。社員を搾取してるブラックな会社とか、租税回避してるグローバル企業に渡り、トップの一部の人に独占されてしまったら、お金が世の中のために循環しない状態になってしまう。そんなことになったら非常に悲しい。

私も気をつけるけど、知らないうちにそうした会社にお金を使ってしまうことがあるかもしれない。だから自戒の念を込めて、お金にも教え諭すことがあります。

本当にとりとめのない小さなことばかりですが、実はこうした些細な行動や習慣は、私が以前読んだことのある「お金持ちの習慣」的な本には、多かれ少なかれ、必ずと言っていいほど書いてあるんですよね。

当時読んだときは「だから何？」としか思わなかったのですが、今ならちょっとわかるような気がします。「お金持ちになりたいから」という理由ではなくて、ただ純粋にお金がかわいくて、お金のことが好きすぎる結果、こういう行動につながっている人もいるんだろうな、と。

実際、「お金持ちの習慣」的な本には、損得という基準では測れない、「だから何？」という非合理的な行動が多く載っています。

ちなみに私がいままで読んだ中でギョッとしたのは、「お札が汚れてくしゃくしゃになっていたら、洗って干して乾かして、アイロンをかけてピン札のようにする」です（笑）。キレイだろうが汚れていようが、お札はお札です。普通に使えるんだから、何もそこまでする必要はないですよね。私も乾いた布で汚れをぬぐうくらいで、さすがにそこまではしません。

やってもやらなくても、「自分や社会の豊かさ」には何ら影響なさそうなこと。でもその裏に、「お金の気持ち」という判断基準があるとすれば、いまの私にはとても納得がいきます。

それから特筆しておきたいのが、日本人はお金をとても大切に扱うということです。私が現在住んでいる台湾や、世界一周中に訪れたアメリカでは、お店で買物をすると、ポケットにそのままねじこまれていたのかというくらい、クッシャクシャのお札が返ってくることがままあります。

インドなんかはもっとひどくて、なぜか破れたお札を極端に嫌がり、みんなで押し付け合ってたらい回しにしてるんですね。「破れたお札は使えない」という法律はないらしいのですが、それでも破れているとお店も買い手も受け取ってくれないので、みんな破れていないお札に破れたのを挟んだりして必死です。もちろん、そんなことを知らなかった私が、破れたお札たちを一手に引き受けたので、お金がなかなか私のもとから去りませんでした（笑）。

破れたお札には価値がないとみんなが信じているから使えない、というだけで成り立っている。これはお金に価値があるとみんなが信じているから使える、というのと同じですよね。

一方、日本では、ＡＴＭでお金を引き出すときはもちろん、コンビニで買物したってお釣りにピン札が返ってくることはよくあります。人によっては折りたたむどころか、二つ折りの財布に入れてお札が曲がることすらよしとせず、長財布を使う人もいます。これは驚異的です。世界一周しても、お金をこんなに大切にする民族ってどこにもいませんでした。

ですから私は、日本人がもっとたくさん海外に移住して、日本のお金と同じように海外のお金を丁寧に扱い、「日本人はお金を大切にしてくれる」という評判がお金たちに広まったら、日本人のもとへ外貨が殺到するんじゃないかと妄想しています。

お金に恥ずかしくないように

お金を人格化すると、お金を使う時はもちろん、使わない時も含めた普段の自分の言動について、注意して観察するようになりました。

なぜかというと、「お金は人間のことを見ているに違いない」といつも妄想しているからです。

ときどき、今日使ったお金は旅立った先で元気にしているかなあ、なんて考えることがあります。そこで、直前の持ち主である私のことをなんて言ってるだろうか。

私がお金だったら、持ち主に「お金なんかなければいいのに」と言われたり、誰かがイヤな思いをするようなお金の使い方をされたら、その持ち主のことを一生覚えておき、二度と戻りたくないと思います。

ほかにも、レストランで客という立場を笠に着て店員さんに横柄な態度をとったり、混んでる店でいつまでも居座って当然と思ってる持ち主に使われたら、それがどんなにお金持ちでも、なるべく近寄りたくない。

そんなふうに思われては大変ですから、お金を使わない時も、誰も見ていなくても、勝手に慎んだ行動をするようになるんです。

なのでレストランでは、食べ終わったら、お皿をまとめて片付けやすくして、食べ物がテーブルにこぼれてたらナプキンで軽く拭いておき、お金を払う時は店員さんに「ごちそうさまでした」と一声かける。これくらいは必ずします。

逆に、レストランのなかには、「これだけいいものを、この価格で提供してやってる」という態度が透けて見えるお店もあります。なぜか流行ってるみたいだけど、人や食べ物に対する敬意が感じられない。私がお金だったら、やっぱりこういうお店にも渡りたくないので、客としては二度と行かなくなります。

私の大切なお金たちが、どこのどんな人の手に渡るのか、その人がお金を大切に扱ってくれるのかきちんと見極める。お金の幸せが払う方にかかってるんですから、私の責任は重大です。

お金を使う局面以外では、たとえば公園のベンチに財布が落ちていたらどうするか。お金の視点がない場合、ただ「ラッキー」と思って自分のものにするか、交番に届けるか、あるいは持ち主が気づいてすぐに戻ってくるかもしれないのでそのままにしておくのがいい、と判断するかもしれません。

私は間違いなく「交番に届ける」を選びます。

放っておけば持ち主が気づいて戻ってくるかもしれないけど、その間に誰かに盗まれてしまうかもしれない。何より財布のなかのお金が、私をちゃんと見ています。そして、見て見ぬふりをした私のことを、お金はどう思うでしょうか。もしかしたら他のお金に、「こないだあの隠居に見捨てられた」と涙ながらに訴えるかもしれません。そんなことにならないよう、交番に直行です。もし周囲に人がたくさんいて、盗んだと誤解されるかもしれない場合は、せめて近所の交番に、財布の色・形状と、落ちていた場所を報告くらいはするでしょう。

どこの誰のお金かということで差別せず、丁重に扱ってくれたということを、私がお金だったらちゃんと覚えています。

お金の視点があると、ネコババしようとも思わない。私にとっては目先の損得よりも、長期的に見てお金に信頼されることのほうが重要だからです。あのとき届けたお金が、無事に持ち主のもとに返り、大切に使われて、いつか私を訪ねてきてくれるかもしれない。そんなことを考えてると、低所得でも毎日がちょっとだけ楽しくなります。

べつにお金を人格化しなきゃいけないこともないんですが、ポイントは、これがあるのとないのとでは普段の行動が違ってくることです。いつも第三者の視点でものごとを見ることができる。これは自分を律するのにすごく役立ちました。自分以外の視点を獲得すると、多角的なものの見方ができて楽しいし、お金をムダに使ってしまうなどの失敗も減ると思います。

なぜお金がないのか、お金の気持ちになってみる

使われるお金の気持ちを想像してみると、私が都心で働いていた時に、いつも金欠だった理由も腑に落ちるような気がします。

あのときは毎日アルバイトをしていましたから、隠居していたときよりも年収はずっと

多かった。それでも家賃や税金が高すぎて、金銭的な余裕は全然ありませんでした。

するると、お金を使う時に、こんなに払ってしまったら今月はやっていけるのだろうかと、非常に殺伐とした気持ちになるんです。家賃や税金を振り込むとき、きっと私は苦虫を噛み潰したような顔をしていたことでしょう。お金がどんな気持ちで私のもとを離れていったかを考えると、本当に申し訳ないことをしたと思います。

私がお金だったら、年収が高くてもギスギスした気分で使われるくらいなら、年収が低くても関係なくハッピーに使ってくれる人のところに行きたい。


国分寺市の激安アパートに引っ越したときは、ただ高すぎる生活費から逃げることしか考えていませんでしたが、もし当時の私にお金という視点があったなら、やはりギリギリな生活を見直し、自分もお金ももっとハッピーになるように、同じ選択をしたと思います。


いまの私は、お金に人気があるとは言いませんが、幸いにも年収百万円でお金に困ったことがありません。ですから、悪く思われていない程度にまでお金の信頼を回復できたと感じています。

とくに、家賃の更新や、年に一度の帰省のときに、タイミングよく単発のアルバイトを頼まれたりして、過不足のない臨時収入が入ることはしょっちゅうです。

まるでお金たちが相談して、私のもとに、必要な分のお金を回してくれているような、不思議な気がします。

都心で働きまくっていたときのほうが、収入が多かったにも関わらずいつも足りなくて困っていたのに、隠居して手元にあるお金を大切にしていたら、なぜかいつも足りていて、必要なときに必要なお金は入ってくる。こういうことを何度も体験したので、今は最低限、生活できていればお金のために慌てて行動することもありません。何かやりたいことがあったときに、お金がタイミングよくやってきたら、お金がそれをやるように応援してくれている。もしやってこなかったら、今はその時じゃないんだな、まあそれでもいいか、とあきらめる。なんとなくそんな感じで気楽に考えています。

毎日働いているのになぜかお金が足りない、というときは、使われるお金の立場になって、自分の行動を振り返ってみると、何かヒントがあるかもしれません。

お金の幸せを祈って

自分や社会の幸せはもとより、お金の幸せまで考えるようになると、正直いって、必ずしも私のところに人並み以上に来てくれることでお金が幸せになるとは思えません。

なぜかといえば、私はもう息ができるだけで毎日ありがたいので、欲しいものがそんなに思いつかないからです。それにお金を使う場面が多ければ多いほど疲れますので（おそらく毎回たくさん考えるからだと思いますが）、たとえ私が億万長者になっても、一日に使えるお金の額はたかが知れています。大量のお金が持ち腐れになっている状態は、私にとってだけでなく、私とお金を含めたこの世界にとって、すごくもったいないことです。せっかくお金としてこの世に存在しているのに、お金としてみんなの役に立っていない状態は、一秒でも減らしてあげたい。

必要最低限のお金がいてくれれば、それ以上のお金について大切なことは、私の銀行口座でなくてもいい、世界のどこかでより多くの人の役に立ち、元気で楽しくいてくれることです。「かわいい子には旅をさせろ」ではないですが、お金の幸せを願えば、私だけのところにお金がたくさんいるということは、あまり重要でなくなっていく。

ですからこの先何かがあって、私のところに大量にお金がやってきたがっても、それがお金と私のいるこの世界の、幸せや豊かさに貢献しないと思えば、断る可能性だってあると思います。

なぜお金がこの世に生まれたのか

「より多くの人の役に立つ」ことがお金の幸せだと私が考える理由は、何のためにお金がこの世に生まれたのか、という原点に立ち返ってみると見えてきます。

お金が生まれる以前は、欲しいものがあると、物々交換しなければいけませんでした。たとえば私が自分の畑でジャガイモを育てているとします。お米が欲しいと思ったら、同じくらいの価値のあるジャガイモと交換しなければいけません。お米くらいならまだしも、毛皮と交換しようと思ったら、毛皮はジャガイモと比べて作るのが大変ですから希少品です。欲しい人の数に対して品物の数が少ないので値段は高くなり、ジャガイモが百キログラムぐらい必要になるかもしれない。そんなにたくさん持ち運んでいくのは大変です。というか、ジャガイモを受け取るほうも、百キロももらったって食べきれずに腐らせてしまう。

そもそもジャガイモが必要ないと言われてしまえば、物々交換が成立しません。

みんながもっと便利になる、いい方法はないか。それで、等価交換用のツールとして、それ自体に価値があるとみんなが認めるお金が発明されました。

お金が誕生したことで、人は欲しいものと交換するためにわざわざ重いものを運ばなくてよくなりました。しかもお金なら腐ることはありません。だからよけいに持っていても、なんら困ることはないどころか、いつでも欲しいものと交換することができます。

といういきさつを考えると、お金は、一時的に稼いだり、貯めることはあっても、やはり最終的には、限られた人たちに独占されるためではなく、より多くの人に便利に使ってもらうために誕生したことになります。

お金がこの世からなくなる日

そうした役割があって生まれたお金ですから、お役御免になれば、この世からなくなる日は来ると思います。昔は石や貝殻がお金として使われていましたし、紙幣などの新しいお金が登場すれば古いお金が廃れる、を繰り返してきました。

きっと、あっという間です。日本でも電子マネーで支払いができるようになっていますし、すでに現金の信用度が低かった中国やインドでは、小さな屋台でもスマホのアプリで払えるくらい、キャッシュレス社会になっています。

中国人の友人に聞いてみたら、「WeChat」というアプリでQRコードを読み取るだけで、自動的に使ったぶんだけ銀行口座から引き落としされるんだそうです。払う側もお店の人も小銭のやりとりをする手間が省けるし、もし盗まれて使われても履歴が残るため、足跡がつきやすい。電子マネーの唯一の弱点は、電気とネットに依存していること、くらいでしょうか。

お金にしてみれば、現状より便利なお金のカタチやツールが誕生すれば、それにとって代わるのは当然の成り行きです。

お金と引き換えに得られるモノやサービスではなく、お金そのものに愛着がある私のような人間にとっては、お金がない世界って、なんとなく寂しいような気もします。でもお金に役目があってこの世に存在しているうちは、一円でも無駄にしないよう、お金と私のいるこの世界の豊かさのために使ってあげたいと思います。

最後に笑って見送るために

こんなふうに、妄想で遊びながらお金を人格化していると、だんだん、本当にお金それ自体がひとつの人格を持ちはじめ、私のもとから離れていくような気がします。といっても、物理的に離れていくのではなくて、お金が私の支配を離れて自立していく、という感じです。

実際、お金って人みたいだなあと思います。どちらも欲をいえばキリがないけど、きちんと礼節を持って対応していれば、支配なんかしなくても、いつでも必要なときに必要なぶんだけいてくれるし、そっちのほうがラク。これが私の低所得生活のなかで実感したことでした。

いま私にとって大切なことは、一円も出ていかないようにお金を必死にコントロールしたり、他人より多く稼ぐことではなく、お金が遊びに来たいと思えるような人でいるように、いつでも緊張感を失わずに生きることです。

具体的にいうと、

・自分がどうありたいかを人任せにせず、人生の舵を自分でにぎり、毎日を地道にしっかりと生きること。
・とくに何もない一日でも、無事に生きられたことに感謝すること。
・低所得だからといって卑屈になったり、高所得だからといってお金や人を軽んじたりしないこと。
・他人を羨まず、いま目の前にいてくれる人やモノやお金を大切にすること。
・同じお金を使うなら、いかにひとりでも多くの人がハッピーに、楽しくなるように使

えるかをつねに真剣に考えること。

・お金の量や用途の正しさに惑わされず、ネガティブな気持ちに突き動かされていないかをじっくりと検分すること。

・本当に大事なものは何なのか考えることから目を逸らさせて、ありとあらゆる方法で心を急かしてくるものを、きちんと拒むこと。

こんなふうに、長い目で見て、お金から信頼されるに足る言動を、ひとつずつ、年単位で積み上げていくことです。

とはいえ、どんなに大切にしていても、お金にはお金の都合があって、去るときには去っていきます。

旅立つお金を笑顔で見送ることができるように。そしてまたご縁があって戻ってきてくれた時には、温かく迎えられるように。これからも、まずは何より自分の人生を、楽しく生きていく所存です。

対談 鶴見済×大原扁理
豊かさって何だろう？

鶴見済（つるみ・わたる）
フリーライター。90年代から、どうすれば楽に生きられるかをテーマに執筆、発言を続けている。著書に『0円で生きる』『脱資本主義宣言』『完全自殺マニュアル』などがある。

大原　鶴見さんも最近、「お金」をテーマにした本（『0円で生きる　小さくても豊かな経済の作り方』）を出版されたので、今回はぜひ対談をお願いしました。ふたりの出会いから話した方がいいですか？　たぶん誰も知らないので。

鶴見　別に大した話でもないけど（笑）。たまたま住んでいたところが近かったっていう。

大原　共通の知り合いがいて、ある時、鶴見さん宅で食事会をしたんですよね。

鶴見　そうだっけ？

大原　うん。たぶん初めて会ったのがその時だと思います。

鶴見　それで、今は大原くんが台湾から帰国して、昨日からうちに泊まっているという。

大原　ありがたい話です。でも、これも『0円で生きる』の内容に繋がってきますよね？

鶴見　そうそう。泊まるところがない人がいたら、泊めてあげるのがいいんじゃないかと。大原くん、うちで料理とか作ってくれるしね。それが双方のメリットになる。

大原　料理、掃除、好きですからね。日本に帰ってきている間は、友達の家を転々としているんですけど、料理と掃除はどこでも喜ばれます。

鶴見　俺はだから、仮にホテルに泊まれるお金があったとしても、0円でいろんな人の家を転々とする方が豊かなんじゃないか、という説を主張してるんですよ。実際そう思うし。そうするといろんな繋がりが生まれたりする。

大原　それが「小さくても豊かな経済の作り方」。

鶴見　そうだね。ただ、もちろん人生すべてを0円で、というわけじゃなくて、モノをあげたり／もらったり、泊めたり／泊めてもらったり、みたいなやり取りを0円でやることを勧めてる、ってことなんですけど。

大原　お金しか解決方法がないと、疲れますよね。お金を稼いだり使ったりすることに向いていない人もたくさんいますから。鶴見さんや僕もたぶんそうだと思うんですけど。

お金以外の解決法

鶴見　ドイツにハイデマリー・シュヴェルマーっていう女の人がいたんです。二〇一六年に死んじゃったんだけど、その人はずっと0円で生きていた。二十年間くらい、お金をまったく使わないで、自分を泊めてくれる人の家を泊まり歩いて、家事手伝いをしながら0円で生きてた。彼女の人間関係能力（コミュニケーション）はすごいよね。

大原　特殊な才能。時には知らない人の家にも泊まるわけですよね？

鶴見　ドイツ国内では有名人だったんで、むしろ引っ張りだこだったんじゃないかな。『Living Without Money』ってドキュメンタリー番組があるんだけど、次の家に行く時には「もっといて！」って言われちゃう感じ。だから、そこまでいくと完全な0円人生なんだけど、俺もさすがにそこまでは無理。

大原　そこもちゃんと書いているところが、『0円で生きる』の信頼が置けるところ。

鶴見　人同士の繋がりって、すごく美しいことのように言われるけど、基本的にきついものだから。

大原　人間関係なんてきついことの方が大きいで

すよね。

鶴見　でも、人間関係が全然なくてもいいという人も、またいない。だから、自分の好みに合わせて繋がったり孤独になったりしていけたらいいな、と。現代は、繋がりのかわりにお金ですべてを解決しちゃうような社会じゃないですか。ここで、また別の本を例に出すんだけど……。

大原　『ただめしを食べさせる食堂が今日も黒字の理由』（小林せかい・著）ですね。

鶴見　著者の経営する未来食堂は、店を一時間手伝ったら食事が一回無料になる、という仕組みを実践していて。この仕組みの良いところは、貨幣のトンネルを通してないところ。今の世の中って、基本的にすべて貨幣のトンネルを通って物事が進む。何をやるにしても、まず一回お金を経由するという決まりになってしまっている。そこで、大原くんとか俺が提唱してるのは、「何でもかんでもお金のトンネルを通すことないじゃん」ということだよね。俺、人を泊めてもお金もらってないし。ご飯作ってもらってるからいいや、という。

大原　お金の回路を通じて欲しいサービスとかモノを手に入れなくても、未来食堂みたいな方法をたくさん作ればいい。

鶴見　労働が向いていない人も世の中にはいっぱいいて。やっぱ雇用とかされちゃうと、「テキパキ」とか絶対ついてくるでしょ？

大原　そうですね。

鶴見　あのテキパキがまず出来ないから。「はい！わかりました！」みたいなね。ああいうことができない人って、俺の周りにいっぱいいる。でも、その人は雇用には向いてないけど面倒見が良かったり。別の方角から労働的なこともできるのに、お金のトンネルを通そうとするがために、社会でものすごい苦労を強いられたりする。

大原　たしかに雇用のスタート地点で求められる水準がものすごく高いですよね。まず週五で働かなきゃいけないし。

鶴見　そうそう。「まともな人生」を送るためには、基本的に人生の大部分は仕事に捧げなきゃいけないことになっている。きつい人生が当たり前になっちゃってるわけだよね。そうじゃない方法を見つけていかないと、社会に適応できない人たちに明るい未来はない。

大原 お金に対する依存度って、年々上がってきてますよね。お金以外の解決法が減ってきている。でも一方で、それに対するカウンターみたいに、未来食堂とか、鶴見さんの本みたいな新しいやり方も出てきて。でも、新しいというよりは昔ながらな感じもします。

鶴見 そう。長い目で見れば、お金を使って人間関係のしがらみを省略することの方が新しいんですよ。

大原 だから最初は楽になったはずなんですよね。お金を使うことによってめんどくさいしがらみがなくなって、ドライに話が進むといいよね、っていうのが最初なんでしょうけど。

鶴見 ただ、今は行き過ぎだと。行き過ぎを見直すべき時なのではないかと。

大原 僕は日本に戻ってくると、時々ホテルに泊まることもあって。そうすると「自分はこの孤立をお金で買っている」って思うんです。他人の家に泊まっていると、常に誰かと関わっているから、ホテルに泊まると「誰にも会わなくていい状態をお金で買っている」って感じがする。で、正直どっちも好きなんです。どっちかだけだとつらいと思う。

鶴見 そうだよね。そこは、その時の気分に合わせて好きな方を選びたいよね。

繋がりは大切か？

大原 僕は今、週休五日で生きるのがハッピーだからそうしてるんですけど、やってみて初めてわかったんですよね。普通に毎日働いていた時は、働かないで生きるのってしんどいだろうなって思ってました。

鶴見 じゃあ、賭けだったんだ？

大原 そうですね。やっぱり飛び降りる前はすごく不安でした。でも、普通に働いていることがしんどくなった時に、辞める方に一か八かで賭けた。

鶴見 あ、そうなんだ。迷いがあったんだ。

大原 ええ。不安って過ぎ去ると忘れちゃうんですけど、やっぱり振り返ってみれば、何の保障もなかったから「ビクビクしながら引っ越したなあ」とか、今回の本を書きながらいろいろ思い出しました。

鶴見 なるほど。俺も大学を出て大企業に就職したんですけど、その後フリーランスになっているので、一応どちらも知ってます。

大原 鶴見さんの方が落差が激しい（笑）。

鶴見 そうそう。サラリーマンを辞める直前までは、職場があまりにも繋がり過剰で苦しかった。それで、そこから降りてフリーランスになると、今度は逆に繋がりがなくなっちゃう。だから、九二年くらいかな？　パソコン通信の時代だったと思うけど、当時は斬新だったので、そこで誰か気が合う人はいないかと思っていろいろ見てた。

大原 九二年って、僕、七歳です（笑）。そんな前からあったんですねパソコン通信って。

鶴見 その頃は今のネットとはまた別で、切実に気が合う人を探してる状態だった。今は逆に、これ以上ネットでの繋がりを増やしても社交辞令的な手間が増えるだけって感じがするんで、「もっとリアルな繋がりを増やさないとやってらんないな」って感じがするけど。

大原 要するに繋がりたい人と繋がるのはオッケーなんですよね。僕も、少ないですけどやっぱり繋がりたい人とは繋がっていたいんです。まあ繋がりたくない部分が人より大きいので、かなり人付き合いが悪い感じになってますけど。でもホントはそんなに冷たいやつじゃないんですよ？（笑）

鶴見 コミュ障だとか、人間関係が苦手だって言ってる人でも、繋がりがまったくないのがいいという人もほとんどいないでしょう。

大原 そうですね。

鶴見 俺の知ってる「社会から降りちゃった系の人」って、わりと繋がりを大事にしていて、むしろ繋がり好きかもしれない。そういう中にあって、大原くんはすごく変わっている方ですね。

大原 そうかもしれない。ｐｈａさんとか山奥ニートさんも、一見浮世から離れている感じしますけど、すごく繋がりを大切にしてますもんね。僕、ひとりでいるのめっちゃ大好きなので、時々思うんです。「自分がただ孤独に強いだけなのかなぁ」って。もしそうだとしたら、僕が書いていることって誰の役にも立たないのかなーと思ったりもするんですが（笑）。

鶴見　いやいや、そんなことないって。自分の中に答えがなくても、問いだけでも世間に投げかけ続けることが大切で。そうやっていれば、いずれ誰かが良い答えを出してくれるから。

大原　なるほど。集合知のような作用が。

鶴見　俺もそういう風にしている。たとえば、お返しってめんどくさいでしょ？　だから贈与に対して返礼が必要かどうか、自分としても答えがわかんない。でも、何のお返しもないと、そもそもあげる人があげなくなっちゃうとも確実に思うので。だからそういうことを書く時に、俺自身迷ってるんだけど、「わかんない」ってことをそのまま書いちゃえば、みんなで考えて……。

大原　そのうち新しい「お返し」のスタイルができていくかも？

鶴見　そうそう。誰かが良いアイディアを出してくれる、みたいな。そういうのもいいんじゃないでしょうか。わかんないまま読者に振るという。

大原　それはいいですね。

「お金じゃない能力」を高める

大原　お返しで言うと、僕は今宝くじ配るのが好きなんです。

鶴見　そういえばよくもらうね。

大原　お金でお礼をしようとすると、もらってくれない人が多いんですけど、宝くじって形にすると意外ともらってくれる。それで、いつも持ち歩いてるんです。

鶴見　お金だとちょっと重たい感じがするよね。

大原　そう。宝くじなら受け取る方のハードルも低いじゃないですか。

鶴見　でも、宝くじそのものがお金に近いものだから面白いね。何かの役に立つわけじゃなくて、当たればお金がもらえるものを渡している。要するに、繋がりに投資しているわけじゃないですか。

大原 あ、そうですね。

鶴見 お金を払わなくても、宝くじをあげなくても、たとえば料理したり掃除したりすることも、ある意味の貯金というか、社会に何かを貯めている。「ソーシャル・キャピタル（社会関係資本）」とか言われることだよね。

大原 じゃあお金ですべて解決できちゃう現代の社会は、ソーシャル・キャピタルが低い？

鶴見 低い低い。昔の村社会なんかはソーシャル・キャピタルがすごく豊かだったということになる。繋がりを強化して、「貸し」を作っておいたから、自分が足腰立たなくなった頃に返してもらうとか。そういうのがソーシャル・キャピタル的。

大原 自分がここまでひとりでいられるのって、やっぱりまだ若いからで。お金に頼らなくても自分に頼れれば、いろんなことがひとりでできちゃう。だけど、これがあと五十年とか経ったら、人に頼らないといられなくなるわけで。そうするともうちょっとソーシャルキャピタルを強化する方向にいくんだろうなって予感はしています。

鶴見 あと、誰とも繋がらないけど、お金を使わないやり方ってあるでしょ？　自然を楽しむとか、野草を摘むとか。「投資」という言葉は好きじゃないんだけど、そういうのも何らかの投資だよね。

大原 そうですね、自分への投資。

鶴見 それはソーシャル・キャピタルじゃないし、資本主義的でもない。お金の回路を通すやり方以外にも、バイパスがいくつもあって、ひとつはソーシャル・キャピタルだし、もうひとつは自分の「お金じゃない能力」を高めるやり方。だから、俺、自然の楽しみ方まで書いたもん（笑）。たとえば雑木林だって、見る側の能力次第ですごく楽しめる。木があって、そこに霧がかかったり、夕方になったり、鳥が鳴いたり。日本の俳句や短歌って、そういう自然を楽しむ能力を、ものすごく長い年月をかけて研ぎ澄ませてきた文化だよね。松尾芭蕉じゃないけど、自分の能力を高めることでそれを最大の娯楽にできるわけ。今の社会は、そういう能力や方向性をまったく捨てているようなものだよね。

大原 野草を採ったり野菜を育てる能力も同じですよね。

鶴見 食べ物を作っているんだから、それ仕事に決まってんじゃん（笑）。今はお金を稼ぐ（＝雇用）ばかりが仕事だと思われちゃってるだけで。

大原 野草を採りに行くことも仕事だとしたら、僕、そんなに働いてないわけじゃない。

鶴見 そうですよ。ソーシャル・キャピタルに投資することも仕事だとしたら、大原くんはワーカーホリックですよ。過労死するんじゃないの？

大原 猫の手も借りたいくらいです（笑）。

鶴見 だから、繋がりがまったく欲しくない人がいないのと同じで、何もしていないと思われている人でも、本当に何もしたくない人はそんなにいない。大原くんも、ソーシャル・キャピタルに対する投資も換算されていたら、けっこう高年収いってたよね（笑）。

大原 だから、年収で言えば貧困層なんですけど、国が決めた貧困層の中に僕は入っていない気がずっとしていて。確かにお金は稼いでないけど、他の人がお金で解決している問題を、別の方法で解決して生きているだけって意味で言うと、自分では別に貧困層だとは思わないし、よけいなお世話って感じがするんですよね。

鶴見 そうだよね。一日一ドル以下の暮らしをしてる人＝貧困層の可哀想な人たちって一律で決めても、その中には伝統的な社会でほとんどお金を使わない暮らしの人たちもいるわけ。お金を全然使わない島とか、まだあるしね。そういう人たちは、ソーシャル・キャピタルとか、お金以外のものを貯めているのに、それらは無視される。

大原 その人たちは、ソーシャル・キャピタル的には富裕層（笑）。貧困ってなんだろう。

鶴見 まぁ、でも、俺は一応、こういう話題では一言付け加えるようにしているんです。「最低賃金を上げろ」とか「政府の援助を増やせ」とか、そういうことも言った方がいい。それも必要なことではあります。

大原 もちろん、方法はたくさんあった方がいいですもんね。「やっぱり貧困層にお金あげなくていいじゃん」って、変に利用されるのも違うし。

鶴見 そうだね。

大原 でも、僕自身はそういう論争に巻き込まれたことがないんです。片方で「もっと若者の賃金を上げて、社会保障を～」って言ってる人たちがいて、一方には「自助努力で解決を～」みたいな人たちもいて。僕はどちらからも離れたところにポツンといる感じなんです。たぶん誰を代表してるわけでもないから、「なんかあの人、ひとりで勝手に言ってるな」みたいな（笑）。これが『僕たちの年収90万円ライフ』みたいな感じになったら、絶対に巻き込まれるんでしょうけど、ひとりでやってるだけでよかった～、と思っています。

鶴見 僕みたいなやり方も、制度を使って貧困を解決するやり方も、どちらも必要です。

鶴見 そこはきちんと言っておかないとね。賃金も上げるし、ソーシャル・キャピタルも増やす。両方をやってもいいわけだから。

大原 大事なのは、自分の生きづらさをひとりひとりが軽減することですからね。

お金はみんなのもの

大原 今回は、お金を人格化すると、お金と良い関係が築けるということを書いたんです。最初は遊びのつもりで始めたんですけど、自分がお金だったらこういう使われ方は嫌だなとか、こういう稼がれ方は嫌だなとか。自分がお金だったらどう扱われたいかを考えると、常にお金に自分の言動を見られている気になってきたんです。そうすると、お金が悲しむような使い方……つまり無駄遣いが減ったんです。

鶴見 ほおー。そんな風には考えたことなかったけど、もしそうだとしたら、良いことに使いたくなってくるよね。

大原 そうなんです。お金も喜んだり悲しんだりするって妄想すると、まず自分のところに来てくれたこと自体が可愛いじゃないですか（笑）。それをせっかく使うんだったら、お金にも喜んでほしいと思うし、じゃあお金がどうしたら喜ぶか、いろいろ妄想しながら自分なりに使っています。

鶴見　そう考えたら、コカコーラとかマクドナルドに行くのは、自分がお金だったらあんまり嬉しくない。

大原　それなら未来食堂に使おうとか。新しい価値を生み出してるところに使うのが、自分も嬉しいし、お金も喜んでくれるんじゃないかなって。

鶴見　たとえば自分の好きな人がやっているクラウドファンディングだったら、直にお金がその人に届くわけで。仮に自分がまったく対価をもらわなかったとしても、お金が喜ぶから回した甲斐があった気になるよね。

大原　だから遊びで始めたことではあるけど、すごく楽しいし、意外と効果的だと思っていて。そうすると、だんだんお金が自分の所有を離れていく感じがあるんですよ。お金が独立した存在になってくるというか、お金って誰のものでもなくなって、みんなのものになっていくというか。

鶴見　おお〜。

大原　お金を人格化してから、豊かさの意識が本当に変わって。以前はお金って自分だけのものだったんですけど、主語がどんどんでかくなって、自分のものから友人同士、家族、コミュニティ、社会、全世界のもの、ってどんどん広げていくと、お金が手元にないからといって別にないことにはならない気がしてきて。で、どこかにはあるんだから、焦りも不安もなく構えていられる。お金が来たい時に来ればいいし、出ていきたい時には出ていけばいいっていう。そうなると、お金を使うときに社会に貯金してるようなイメージを持つようになってきて。

鶴見　家入一真さんの『なめらかなお金がめぐる社会。』って本は、わりとそういうことを書いていますね。俺もね、『0円で生きる』と言っているわりに寄付のことも書いてるんです。カンパをあげようとか。

大原　お金じゃなくても、たとえば街中で誰かが困っていたら手を貸すぐらいは誰でもできるじゃないですか。そういうのって僕は、目に見える形じゃないかもしれないけれど、何かの形でいつかは返ってくると信じられる。で、自分が今それを信じられることがすごく嬉しいし、恵まれているなと思います。

鶴見　おお〜。それはまあ、恩送りというか。恩送りって考え方も、相手に恩をそのまま返すんじゃなくて、巡り巡っていつか自分のところに還って来るってニュアンスだよね。

大原　はい。それって目に見えることだけを信じていると、なかなか受け入れづらい考え方ではありますよね。でも、そういうのを一旦受け入れるとけっこう楽になります。

鶴見　そっかー。それも楽になるコツなんだ。俺はそういう考え方は持ったことがなかったけど、そう思うと安心できるよね。そういうのって実際返ってくるようにも思うし。自分が何かを欲しかったら、自分だけがもらう方法を考えるんじゃなくて、まずは社会の中にあげたりもらったりする循環を作ることだよね。国立で毎月第二日曜日にやってる「0円ショップ」もそうなんだけど。

大原　こないだ一緒に行きましたね。

鶴見　長い目で見れば、あの場で一番もらっているのは、やってる人たちだもん。最初は「自分たちの不要品を0円であげる」ってアクションだったのに、一番もらっているのは主催している人たち。社会にもらったりあげたりの循環を作ることが、一番手っ取り早くもらう方法なんだなと。

大原　いわゆるペイ・フォワード的な感じ？

鶴見　そこはあんまり強調しなかった。ペイ・フォワードって、なんか性善説的なところが自分には合わなくて。

大原　そうですね。ペイ・フォワードって言うと若干偽善のにおいが（笑）。

鶴見　ただ、結果的には同じことだよね。自分のところに返ってくることを想定していないというか、無償の贈与をしましょうみたいな感じでもあるので。

大原　あげるものが不用品っていうのが、またいいですよね。ストレスも期待もなくて。お客さんが差し入れとかくれるんですよね？

鶴見　差し入れとお返し、すごいね。誰が誰のためにやってるのかもうわかんない。

大原　そうやって使われたらお金も喜ぶと思います（笑）。ということは、お返しをしたいって気持ちは、ほっといても人の中にあるんですね。

鶴見　うん、だから巡り巡るんだろうね。「お金の人格化」、良い視点だと思う。あと「エシカル消費」とか「買い物は投票だ」とか、お金を良い方に回そうっていうことも考えられ始めているよね。日本じゃまだまだだと思うんだけど。

大原　日本ってやっぱり、個人的な損得勘定が大きいっていうか、自分の手を離れるまでが自分のお金って感じがしますね。でも、自分の手を離れた後まで考えるのがエシカル消費。僕が言った「お金の人格化」もそこに繋がると思うんですけど。

鶴見　そうだね、エシカル消費が「お金の人格化」に一番近いかもしれない。そこまで考えて、お金がどう流れるのかを調整するようになったら、いろいろ進歩しますね。

大原　スピリチュアルな方面でお金を人格化している本はあるんですけど、僕は個人の利益のためじゃなくて、お金を人格化することで、自分の手を離れた先のお金の流れまで考えられるのがいいなと思うんです。これ、ちゃんと伝わるといいんですけど。

鶴見　お金の流れ方全体を見るのはすごく良いことですよ。それは今、所有という考え方に変化が起きてるのでもわかる。

大原　共有ブーム、きてますよね。

鶴見　共有がブームなんてすごいことだからさ。「お金の人格化」も、もはや私有から離れているよね。

大原　そうですね。今、共有ブームになってるってことは、このブームがずっと続いて、今生まれた子たちが大人になった時には共有が普通になってますよね。

鶴見　私有万能の社会とは違う、自分がモノを持ってなくても、共有相手がいるならその人はモノを持ってる、みたいな見做され方になってくるよ。

大原 それは「主語が大きくなる」みたいな話ですよね。個人でなく全体で共有する。子育てもそうなるかもしれないですね。みんなの子供みたいにどんどんなっていって、お母さんだけが全責任を負う感じじゃなくなってくるといいですよね。

二一世紀のイージー・ライダー

大原 さっきは人間関係の繫がりの話をずっとしてましたけど、お金にも人格みたいなものがあるとしたら、お金と自分の繫がりも考えられるかもしれない。お金を普段から大切にすることで、お金に貸しを作っておけば、困ったらお金に助けてもらえる、みたいな……（笑）。

鶴見 自分とお金の互助関係？（笑）

大原 いや、でも、お金たちのコミュニティ内では口コミみたいなことが絶対あるんだろうなって。

鶴見 お金同士で「あいつと付き合う時は気をつけた方がいいよ」って？（笑）

大原 そう。評価サイトもあったりして（笑）。

鶴見 でも、そうすると、お金がいっぱい集まるところ＝評判が良いところ、になるよね。

大原 だから、やっぱり寄らば大樹の陰というか、お金だって「どうせ行くんだったら大きいところがいい」って気持ちもあるんだろうと。

鶴見 なるほど（笑）。それで大企業やお金持ちのところにはお金が集まっているわけだ。

大原 全部妄想ですけどね（笑）。

鶴見 ただ、お金の中にも大原くんや俺みたいなやつもいると？

大原 みんながみんなAKB聴いてるんじゃなくて、ちょっと変わり者のやつもお金の中にいて、きっとお金たちの中にもオルタナティブな動きがあると思います。

鶴見 すごい（笑）。聞いたことがない面白い話になっている（笑）。隠居しながらそんなことを考えてたわけだ。

大原 あくまでも妄想です（笑）。でも、真面目な話に戻すと、『0円で生きる』は人との繋がりによってオルタナティブな経済を作る本ですけど、じゃあ鶴見さんが繋がりが好きかっていうと……。

鶴見　そうでもないという。

大原　鶴見さんの中に「本当の生き方の模索」という明確な目的があって、そのための実験として繋がっているだけ、みたいなことを先日おっしゃってましたね。

鶴見　そうそう、挑戦です。大原くんもさっき「賭け」って言ったよね？　普通の生き方から降りるのは賭けだって。

大原　はい。

鶴見　俺、『イージー・ライダー』がすごく好きな映画のひとつなんだけど。一九六九年のアメリカン・ニューシネマの代表作で。彼らの時代は、既存の生き方を否定して、別の生き方はないかと思ってバイクで大陸を横断しようとした。今も同じように『イージー・ライダー』的に「こんな生き方おかしい、別の生き方があるんじゃないか」と思う人はいて。ただ、今はもう大陸横断とかバイクじゃないから、どうなるかと言えば「お金になるべく頼らないで生きる」とか、そういうスタイルになっている気がします。だから、それは賭けでもあるし、危険を伴うことでもある。『イージー・ライダー！』はいろんなところに行っては「旧来の人たち」に排撃されて、結局悲惨なことになっちゃうわけだから。

大原　あれは結局、賭けに負けたってことになるんですか？

鶴見　いや、彼らの価値観的には別に。

大原　そっか、別に殺されたからといって……。

鶴見　そうなんです。だから人生が試されているってことでもある。

大原　生きながらにして死ぬのって、耐えられないですからね。

鶴見　そうそう。俺は本当にそう思ったから。このままずっと工場に勤めていてもいいけど、それはロボットみたいになることだと。そうすれば食べていけて、生物学的には生きているけど、本来の意味では生きていないと。それは死んじゃうよりも怖いことだという気がしたので、結局辞めました。

大原　現代のイージー・ライダー。

鶴見　だから、風当たりは強いかもしんないけど、すごくやり甲斐のある人生ですよ。

大原　そうですね。僕も思い切って良かったな。僕、「楽しそうだね」とよく人から言われるんです。

鶴見　別に勝ち負けじゃないから、こっちはこっちで勝手にやっているだけなんで。いいんだよね別に。ただ、人生がこんなに厳しいのは何かがおかしい、と俺は思った。

大原　スーツ着たゾンビみたいな人、いますからね。あ、こんなこと言うと炎上しちゃうかな。

鶴見　そうだね（笑）。

大原　まあ、考えてたら生きていけない、みたいな気持ちもわかりますけど。自分は何のために生きてるんだろう？　とか、いちいち考えていたら会社行けないじゃないですか。

鶴見　そうだね。まあ、大原くんと俺は『イージー・ライダー』みたいなもんだということで。いつの時代も、一定数そういうやつは出てきてしまうという感じですよきっと。

なるべく働きたくない人のためのお金の話

二〇二四年一二月二〇日　第六刷発行

著者　大原扁理
デザイン　五十嵐ユミ
イラスト　fancomi
発行者　北尾修一
発行所　株式会社百万年書房
〒一五〇-〇〇〇二　東京都渋谷区渋谷三-二六-一-七-三〇一
E-MAIL: info@millionyearsbookstore.com
webページ http://millionyearsbookstore.com/

印刷・製本　株式会社シナノ

ISBN978-4-9910221-2-8 C0095